Jodocus D. H Temme

Der Domherr - historischer Roman

Jodocus D. H Temme

Der Domherr - historischer Roman

ISBN/EAN: 9783741158643

Hergestellt in Europa, USA, Kanada, Australien, Japan

Cover: Foto ©Andreas Hilbeck / pixelio.de

Manufactured and distributed by brebook publishing software (www.brebook.com)

Jodocus D. H Temme

Der Domherr - historischer Roman

Der Domherr.

Historischer Roman

von

J. D. H. Temme.

Zweiter Band.

Erstes Kapitel.

Der Domherr und ein Carrièremacher unter Schmugglern.

An der Dahlheimer Sägemühle war es dunkel geworden. Die Sonne war schon lange hinter den hohen Spitzen des Eggegebirges untergegangen. Die vornehme Gesellschaft aus dem Bade Hofgeismar hatte den reizenden Platz verlassen. Sie hatten getanzt, bis es dunkel wurde. Einzelne Paare hatten dann den Tanz noch bei dem Scheine von Lampen fortsetzen wollen; zu einem Ball gehöre anderes Licht als das der Sonne und ein improvisirter Ball im Grünen müsse etwas Wundervolles sein. Ein paar ältere Damen hatten aber nicht zustimmen wollen; so war aus dem improvisirten Balle nichts geworden, und die Gesellschaft fuhr ab.

schlucht, in der sie lag. In der Mühle war die Arbeit schon mit dem Untergange der Sonne geschlossen worden. Mit dem letzten Wagen der Badegesellschaft hatten sich auch die letzten Gäste entfernt. Doch der Domherr von Aschen war noch da und die beiden Frauen, die er hergebracht hatte, die Mamsell Karoline Lohrmann und die Frau Mahler. Aber sie waren keine Gäste, von denen die Ruhe und Stille des Abends nur im geringsten wäre gestört worden.

Sie waren in jener dichten Laube des Gartens geblieben; der Domherr hatte nur ab und zu eine kleine Promenade durch den Garten gemacht; dafür hatte dann die hübsche Kellnerin Henriette Brand den Frauen Gesellschaft geleistet. Die drei Frauenherzen hatten sich ja so viel zu sagen, wenigstens zwei, und auch das dritte schien sich geöffnet zu haben, daß es mitsprechen konnte, weil es mitsprechen mußte. Als der Domherr einmal einen weitern Gang über den Garten hinaus nach den Bergen gemacht hatte und zugleich auch auf längere Zeit die Kellnerin abgerufen war, waren bei ihrer Rückkehr die beiden andern in einer so sonderbar, fast wie feierlich bewegten Stimmung. Sie saßen Hand in Hand und ihre Augen glänzten noch; denen der Frau Mahler sah man noch an, daß sie geweint hatten; der Glanz in denen der Mamsell Karoline zeigte den milden und erhebenden

Engel, der in ihrem Herzen wohnte. Ja, ja, hatte der Domherr von ihr zu der alten Christine auf Ovelgönne gesagt, wo es Jemand nicht gut geht, da muß das brave Mädchen dabei sein, um zu helfen. So war es auch wohl hier gewesen. Die Kellnerin hatte es nicht beachtet. Die scharfen Augen des Domherrn sahen es um so klarer. Er sagte es nicht, die Freude in den leuchtenden Blicken, mit denen er das brave Mädchen ansah, zeigte es nur.

„Wir brechen nun wohl auch auf", sagte der Domherr, als es finsterer geworden war. „Ich bringe Euch nach Hause zurück."

„Unter einer Bedingung, Onkel Florens", rief die Mamsell Karoline.

„He, Du willst mir Bedingungen vorschreiben?"

„Diesmal ja. Du bleibst die Nacht in Ovelgönne."

„Und Gisbertine?" sagte der Domherr. „Sie wird mich heute Abend noch sprechen wollen. Und muß sie es nicht? Sie mußte zuerst allein sein, um ganz mit sich klar und fertig zu werden. Dann hat sie mit mir zu sprechen, viel, sehr viel. Mit dem General kann ihr Herz kein Wort reden; die Beiden verstehen sich nicht."

„Ein Mädchenherz", meinte die Mamsell Karoline, „wird nicht so schnell klar und fertig mit sich. Am besten geht es in der stillen, dunklen, einsamen Nacht, wenn man nicht schlafen kann und aufrecht in seinem Bette sitzen muß."

„So, so, Mädchen", rief der Domherr, „das weißt Du schon?"

„Ja, Onkel Florens. Als meine Mutter starb und ich —"

„Hm, hm, Karoline, ich will mit Euch fahren und die Nacht bei Euch bleiben. Gisbertine kann sich zwar bis morgen früh wieder anders besonnen haben, aber dann ist ja auch nichts verloren."

Er ging, seinem Kutscher zu sagen, daß er bis morgen an der Mühle auf ihn warten solle. Sein Wagen war von Hofgeismar, wohin er den Kurier gebracht hatte, längst zurück. In dem Gebirge nach Ovelgönne konnten nur die Bergchaisen fahren.

Fast unmittelbar darauf wurde es an der Sägemühle wieder lebendig.

An dem Wirthshause fuhr ein Wagen vor. Mehrere Reiter begleiteten ihn. Die Reiter trugen Uniformen, aber keine militärischen.

„Es scheinen", sagte die Mamsell Karoline zu der Frau Mahler, „höhere Zollbeamte von der preußischen Grenze drüben zu sein. Einen von ihnen meine ich schon früher gesehen zu haben."

Die Mamsell und die Frau Mahler waren allein in

der Laube. Die Kellnerin war zu dem Hause gerufen. In der Laube war es dunkel — sie hatten sich kein Licht wollen holen lassen; sie saßen so traulicher beisammen. Vor dem Wirthshause brannte eine Laterne. In ihrem Scheine sah man von der Laube aus die Reiter, freilich nicht ganz deutlich. Aus dem Wagen waren zwei Herren gestiegen. Sie konnte man in der Laube nicht erkennen; die Pferde standen fast ganz vor ihnen.

Die beiden Herren und die Reiter begaben sich in das Innere des Hauses.

Daß die Mamsell, indem sie die Reiter für preußische Zollbeamte gehalten, sich nicht geirrt habe, erwies sich bald. Von mehreren Seiten trafen zu Fuße je zwei und zwei bewaffnete Männer ein, deren grüne Uniformen und Büchsen und Seitengewehre Grenzzollwächter ankündigten. Sie begaben sich sämmtlich in das Haus.

Die beiden Frauen in der Laube hatten keine Veranlassung, auf das Alles sonderlich zu achten.

Das sollte indeß bald anders werden.

Die Kellnerin kam eilig auf einen Augenblick zu ihnen. Sie schien unruhig zu sein.

„Entschuldigen Sie mich, Mamsell", bat sie, „wenn ich nicht sobald wieder zu Ihnen kommen kann. Da sind eine ganze Menge preußische Zollbeamte angekommen. Sie scheinen in der Gegend heute Nacht etwas vorzuhaben und hier noch vorher eine Nachricht erwarten zu wollen. Sie haben schnell Abendessen verlangt."

„Es beunruhigt Sie?" fragte die Mamsell.

„Ach, Mamsell, diese Zollgrenzer sind kein Glück für das Land. Und wenn die Zollbeamten so in Menge und so heimlich zusammenkommen, dann gibt es immer ein Unglück. Heute gar —"

„Was ist es heute?"

„Es ist ein Regierungsrath aus Minden angekommen —"

Die Kellnerin stockte.

Trotz der Finsterniß, die in der Laube herrschte, sah man, wie die Frau Mahler plötzlich in die Höhe fuhr.

Die Mamsell und die Kellnerin mußten nach ihr hinblicken. Aber die Frau saß wieder still, und wenn sie blaß geworden war, in der Dunkelheit sah man es nicht.

„Er soll", fuhr die Kellnerin fort, „an Ort und Stelle nachsehen, wie die vielen Zolldefraudationen hier an der Grenze noch immer stattfinden können. Da ist es denn nun überaus streng geworden, und heute Abend scheint er etwas ganz Besonderes ausführen zu wollen; es ist, als ob er die sämmtlichen Grenzbeamten der Gegend hier zusammengebracht hätte. Die armen Leute, gegen die sie ausziehen! Wer doch warnen könnte!"

Sie sprach es bekümmert. Sie wollte gehen; sie

mußte zur Bedienung der Gäste nach dem Hause zurück.

Drüben am Ufer hinter der alten Sägemühle wurde ein Ruf laut.

„Hol' über!" rief eine jugendliche Stimme.

Die Kellnerin erkannte sie. Sie stürzte in die Laube zurück zu Karoline Lohrmann.

„O Mamsell, da wäre ja noch Warnung, Rettung möglich! Der Bernhard Henke kommt dort. Er will heute Nacht eine Schmugglerbande durch die Berge führen. Ich habe gethan, was ich konnte, um es ihm auszureden. Er hörte nicht auf mich. Sprechen Sie mit ihm. Ich schicke ihn zu Ihnen."

„Thun Sie das", sagte Karoline.

Die Kellnerin eilte fort. Sie kam nach wenigen Minuten mit Bernhard Henke zurück.

„Er bleibt bei seinem Vorsatze, Mamsell."

Sie mußte damit gehen.

„Die Henriette hat Dir gesagt, wer drinnen im Hause ist?" fragte Karoline den Knaben.

„Ja, Mamsell. Aber ich kenne Wege, von denen jene nicht einmal wissen, daß sie da sind."

„Woher kommst Du jetzt, Bernhard?"

„Von Hause, Mamsell."

„Und was hast Du dort gefunden?"

„Meine Mutter weinte."

„Und Dein Vater? Aber nein, darüber darf man mit einem Kinde nicht sprechen. Aber Deine Geschwister? Sie hungerten wohl wieder, weil Deine Mutter weinte? Und Deine Mutter hungerte mit ihnen?"

„So war es, Mamsell. Meine Mutter hatte dem Vater das Geld, das Sie ihr vorgestern geschenkt hatten, abgeben müssen; er hatte sich Schnaps dafür gekauft und —"

„Und Du kamst in das volle Elend Deines älterlichen Hauses. Und Du willst dieses Elend vermehren, Bernhard? Du willst Deine Mutter zur Verzweiflung bringen? Du allein kannst künftig ihre Stütze werden, wenn sie selbst nicht mehr arbeiten kann. Du willst Dich heute Nacht in die augenscheinlichste Lebensgefahr begeben! Sieh mich an, Bernhard! Warum schlägst Du die Augen nieder?"

Bernhard hatte die Augen auf den Boden geheftet. Er mußte sie erheben.

„Ich verdiene heute Nacht dreißig Thaler, Mamsell!"

„Und wenn es das Blutgeld wäre, für das sie Dich Deiner Mutter als Krüppel oder gar als Leiche in das Haus bringen?"

Kugeln trifft kaum eine, selbst nur im Kriege, wo sich Mann und Mann gegenüber stehen; das habe ich auch schon gehört, und das wissen Sie am besten von Ihrem tapfern Herrn Bräutigam, der so oft in einem Regen von Kugeln gestanden hat. Wäre ich größer gewesen und stärker, sodaß ich ein Gewehr hätte tragen können, so wäre ich diesmal auch mitgegangen, und da hätte es mich noch weit eher treffen können als heute Nacht."

„Da hätteſt Du für eine große, heilige Sache ge= kämpft, Bernhard."

„Und heute Nacht gehe ich für meine Mutter, der ich die dreißig Thaler bringe."

Die Mamſell fand ſich wieder zurecht.

„Höre, Bernhard die dreißig Thaler gebe ich Deiner Mutter."

„Nein, nein, Mamſell!"

„Höre noch mehr. Du haſt bis jetzt noch nichts lernen können, weil Euch das Geld dazu fehlte. Du haſt nur den Bauern geholfen, um ein paar Groſchen für Deine arme Mutter zu verdienen. Du haſt das wie ein braver Sohn gethan. Es wird aber Zeit, daran zu denken, daß ein ordentlicher Menſch aus Dir wird, der ein tüchtiges Handwerk verſteht. Ich dachte ſchon vor= geſtern daran, als ich bei Deiner Mutter war. Ich werde

Dich nach Warburg in die Lehre geben und weiter für Dich sorgen."

„Mamsell" — sagte der Knabe. Aber er konnte vor Rührung nicht weiter sprechen.

Karoline Pohrmann nahm seine Hand.

„Und nun, Bernhard, nicht wahr, Du bleibst heute Nacht bei mir, oder besser, Du kehrst zu Deiner Mutter zurück, daß sie sich nicht um Dich ängstigt und daß Du ihr die Freude machen kannst, ihr das zu erzählen, was ich Dir gesagt habe?"

Sie hatte doch wieder falsch gerechnet.

Der Knabe kämpfte heftig mit sich; nicht über einen Entschluß, den er nicht hätte fassen können; entschlossen war er, aber es wurde ihm so schwer, es gegen die Mamsell auszusprechen, gegen seine und seiner Mutter Wohlthäterin. Und doch mußte er es. Die Thränen traten ihm in die Augen; Schluchzen unterbrach seine Worte. „Ich kann nicht, Mamsell! Ich muß mit den Juden gehen. Ich soll hier auf sie warten. Ich habe es ihnen versprochen und muß ihnen mein Wort halten. Wenn ich Ihnen etwas versprochen hätte, Mamsell, und ich wollte es Ihnen nicht halten, würden Sie nicht von mir sagen, ich sei ein schlechter Mensch? Nun sind es zwar nur Juden, aber auch ein Jude soll nicht schlecht über mich sprechen dürfen."

Er sprach so ehrlich, so treuherzig, so bittend.

„Wenn Du in den Tod gingest, Bernhard!" sagte Karoline Lohrmann nur noch.

„Und wenn ich in den Tod gehen müßte, Mamsell!"

Was war dem Muth, der Entschlossenheit, dem festen Willen und der Ehrlichkeit des Knaben gegenüber zu machen?

„Und er ist fast noch ein Kind!" sagte leise die Frau Mahler zu der Mamsell. „Gott wird ihm seine zwei Engel mitgeben."

„Aber warnen muß ich Dich noch, Bernhard", sagte Karoline Lohrmann zu ihm. „Kann ich Dich nicht zurückhalten, so mußt Du die Gefahr kennen, der Du entgegengehst, damit Du Dich gegen sie schützen kannst."

Sie theilte ihm mit, was sie von der Anwesenheit der Grenzbeamten selbst gesehen und durch die Kellnerin gehört hatte.

„Halb und halb wußte ich es schon", erwiderte der Knabe. „Aber ich fürchte diese Grenzbeamten nicht, auch nicht den Mindener Regierungsrath."

Er mußte gehen.

„Die Juden halten sich da hinten versteckt und werden schon auf mich warten."

Die beiden Frauen gaben dem muthigen Knaben die Hand.

„Schone Dein Leben!" ermahnte ihn die Mamsell.

„Stehe Gott Dir bei!" sagte mit einer eigenthümlichen Bewegung die Frau Mahler.

Der Knabe verschwand hinter dem Wirthshause.

Dort nahm er seinen Weg in eine verborgene enge Seitenschlucht. In ihrer Tiefe gelangte er an einen alten verfallenen Kohlenschuppen. Er gab ein Zeichen mit der Hand. Aus der Dunkelheit der Schlucht und des Schuppens trat ihm Jemand entgegen.

„Bist Du es, Bernhard?"

„Ja, Konrad Maurer. Sind die Leute alle da?"

Konrad Maurer war wieder völlig nüchtern, er hatte auf Wache gestanden.

„Alle", antwortete er.

„Auch die Juden?"

„Auch die beiden Juden."

Sie gingen in den Schuppen.

Es war so dunkel darin, daß man nicht die Hand vor den Augen sah. Aber man hörte ein leises Murmeln vieler Stimmen.

„Schlom Bendix!" rief Bernhard Henke in die Dunkelheit und das Gemurmel hinein.

„Hier!" meldete sich der Jude.

„Kommt auf einen Augenblick heraus. Ich habe mit Euch zu sprechen."

Der Jude kam hervor. Der Knabe verließ mit ihm den Schuppen. Ein Dritter folgte ihnen; es war Aaron Levi.

„Schlom Benbix", sagte draußen Bernhard Henke, „wir sind verrathen. Da vorn an der Sägemühle ist der Mindener Regierungsrath mit mindestens einem Dutzend Grenzbeamten."

„Was wollen sie nur hier?" rief in seiner allezeit fertigen, hastigen Weise Aaron Levi. „Wir sind hier noch in Hessen. Laßt einen der preußischen Hunde kommen! Ich schlage ihn todt. Ich ersteche ihn mit meinem Messer."

Der Knabe antwortete ihm nicht; er fuhr zu dem andern Juden gewendet fort:

„Ich komme aus meinem Dorfe Niederhelmern. Es liegt auf dem Wege nach Borgentreich. Von meiner Mutter hatte ich schon gehört, daß es nicht richtig in der Gegend sei; Leute, die von Borgentreich gekommen waren, hatten alle Wege und Pfade zu dem Städtchen mit Zollbeamten besetzt gefunden. Auf dem Wege von meinem Dorfe bis hierher fand ich sie auch. Der Regierungsrath muß sie mehrere Meilen weit haben hierher kommen

Aaron Levi sagte nichts.

„Was nun?" erwiderte der Knabe. „Wir gehen nach Warburg. Da erwartet man uns nicht. Auch von da wird der Regierungsrath alle Beamte fortgerufen haben. Wir brauchen nicht über die Diemel zu setzen; wir passiren sie auf der Brücke bei Warburg. An Joel Rosenberg in Borgentreich schicken wir einen Boten, der ihn nach Warburg bestellt."

„Weißt Du keinen andern Rath, Bursche?" fragte Schlom Bendix.

„Nein. Wißt Ihr einen bessern?"

Die Juden beriethen sich in ihrer Sprache. Sie hatten keinen bessern Rath gefunden.

„Kennst Du auch die Wege nach Warburg, Bursche?"

„Wie die nach Borgentreich."

„So sei es, wie Du sagst. Können wir gleich aufbrechen?"

„Je eher, desto besser. Wir haben nach Warburg einen weitern Weg."

„So brechen wir auf."

„Noch eins, Schlom Bendix!"

„Was willst Du?"

„Bekomme ich mein Geld jetzt gleich?"

Schlom Bendix besann sich.

Aaron Levi kam seiner Antwort zuvor.

„Um mit dem Gelde uns durchzugehen, Bursche? Nichts da. Wenn wir an Ort und Stelle sind, hast Du Deinen Contract gehalten und werden wir den unserigen halten."

Schlom Bendix war anderer Meinung.

„Wenn Du willst, Bursche, kannst Du Deinen Lohn sogleich erhalten, dreißig Thaler."

Die Bereitwilligkeit des vorsichtigen Juden schien den Knaben auf einen andern Gedanken gebracht zu haben.

„Nachher, Schlom Bendix, wie der Aaron Levi sagt. Für den Mann zwei Thaler! So lautet unser Contract."

„Schaute!" rief Schlom Bendix seinem Compagnon zu.

Sie kehrten in den Kohlenschuppen zurück.

„Alle fertig!" rief Schlom Bendix hinein.

Man hörte eine Menge Menschen sich erheben, sich selbst und einander mit Säcken, Ballen, Kisten und anderm Gepäck beladen.

„Noch einen Augenblick Geduld!" sagte Bernhard Henke. „Ich muß sehen, was sie am Wirthshause machen."

Er verließ den Schuppen, die Schlucht, schlich sich an das Wirthshaus hinan.

Er hörte in dem Gastzimmer Teller und Gläser klingen.

Er wagte sich an die Hausthür. Im Flur stand die Kellnerin.

„Jettchen!" rief er sie leise.

Sie trat zu ihm hinaus.

„Was machen die Beamten?"

„Sie sitzen bei Tische."

„Hast Du nichts gehört?"

„Gar nichts. Sie sprachen kein Wort vom Dienst."

„Weißt Du nicht, ob sie hier in der Nähe Wachen ausgestellt haben?"

„Ich habe nichts bemerkt. Sie sind äußerst vorsichtig. Um so mehr Angst habe ich Deinetwegen."

„Habe sie nicht, Jettchen, Du gutes liebes Jettchen."

Damit entfernte sich der Knabe.

Er hatte die Worte in einem Tone gesprochen, als wenn ihm auf einmal das Herz schwer geworden sei.

Aber den Juden zeigte er es nicht.

Er war zu dem Schuppen zurückgeeilt.

„Seid Ihr fertig?"

„Ja!"

„Vorwärts! Folgt mir!"

Er setzte sich in Bewegung.

Alles, was in dem Schuppen war, folgte ihm.

Unmittelbar hinter, fast neben ihm ging Schlom Bendix. Dann folgten die sämmtlichen Packträger; sie gingen einzeln, wie sie es auf ihren Schmuggelwegen gewohnt waren. Den Zug schlossen Aaron Levi und Konrad Maurer.

Die Packträger waren mit großen, dicken Knotenstöcken versehen, die ihnen zur Waffe und zugleich zur Stütze beim Gehen dienten. Einen solchen Stock trug auch Konrad Maurer, der ohne Gepäck war. Die Juden mußten mit andern Waffen versehen sein; man sah keine Stöcke bei ihnen; von einem Messer hatte Aaron Levi schon gesprochen.

Der Knabe Bernhard war ohne Stock, ohne Waffe, aber auch ohne Gepäck; er war leicht wie ein Vogel.

So schritt er voran, gefolgt von den Andern, aus der kleinen Schlucht, aus dieser nicht wieder in die größere, sondern sofort einen der waldbedeckten Berge hinan, von denen die Schlucht der Dahlheimer Sägemühle gebildet wurde; der Berg zog sich von der Diemel weg in das Land hinein. Ein Weg, ein Pfad war nicht zu sehen, nicht zu fühlen. An der Mitte des Bergs schlug sich der Knabe 'rechts', und nun führte er seine Leute immer an dem Abhange des Bergs hin.

Nach einer halben Stunde machte er Halt.

„Ihr könnt Euch ausruhen", sagte er. „Hier ist

„Du bist ein Allerweltskerl!" riefen die Juden.

„Ihr seid also zufrieden mit mir?"

„Bis jetzt!" erwiderte der vorsichtige Schlom Bendix.

„So können wir jetzt von meiner Bezahlung sprechen. Wie viel Mann sind denn da?"

Der Marsch war für die schwerbeladenen Träger ein doppelt beschwerlicher gewesen. Sie lagen schon sämmtlich an der Erde, auf oder neben ihrer Last.

Der Knabe zählte sie.

„Zwanzig Mann, Schlom Bendix", kam er zurück.

„Hast Du Dich nicht verzählt, Bursche?"

„Sollen wir sie zusammenzählen?"

„Wozu? Wir sind auf dreißig Thaler einig geworden."

„Schlom Bendix, sehe ich aus wie einer, der sich betrügen läßt?"

„Betrügen, Bursche?"

„Streiten wir nicht, Schlom Bendix. Ihr gebt mir vierzig Thaler oder Ihr sucht Euren weitern Weg allein, ohne mich."

Aaron Levi gerieth wieder in Zorn.

„Hund! Hund von einem Christen! Willst Du der erste sein, der mein Messer probirt?"

Er zog ein langes Messer aus einem seiner großen

Bernhard lachte.

„Aaron Levi, Ihr wollt wohl zehn Thaler verdienen, um ein paar Tausend zu verlieren? Schlom Bendix ist klüger."

Schlom Bendix war klüger. Er schnallte seine Geld=tatze los, die er um den Leib trug, und zählte dem Knaben vierzig blanke Thaler in die Hand.

„Bist Du nun zufrieden, Bursche?"

Der arme Knabe hatte wohl in seinem Leben so viel Geld noch nicht beisammen gesehen, viel weniger selbst besessen. Es ergriff ihn etwas, aber nicht der dämonische Geist des Mammon. Er dachte wohl an seine Mutter, seine Geschwister, an ihre Entbehrungen.

„Schlom Bendix", sagte er fast feierlich, „wenn sie mich nicht vorher todtschießen, so sollt Ihr von allen Euren Sachen da für keinen Groschen Werths verlieren. Gehen wir weiter."

„Haben wir noch Gefahr zu befürchten, daß Du von Todtschießen sprichst?" fragte der Jude.

„Ich kann es mir nicht denken. Wir bleiben immer im tiefsten Gebirge, auf Pfaden, die noch kein Fuß eines Grenzbeamten betreten hat. Wie sollten sie gerade heute Nacht hinkommen? Nur einmal kommen wir auf einen offenen Weg, eine Stunde von hier. Ein breiteres Thal durchschneidet dort die Berge. An seinem Ende müssen wir hinburch. Aber wir haben kaum zwei Minuten lang zu gehen, dann sind wir wieder hinter Felsen, zwischen denen uns kein Mensch verfolgt."

Sie gingen weiter, immer durch das tiefe, pfadlose Gebirge, immer durch die Stille und Dunkelheit der Nacht. Der Himmel über ihnen war zwar sternenklar, aber unter den dichten Bäumen sahen sie kaum dann und wann einen einzelnen Stern. Sie hörten nur ihre eigenen Schritte, und sie gingen leise, um das geringste fremde Geräusch hören zu können.

So war die Stunde vergangen, von welcher Bernhard Henke gesprochen hatte. Er war immer mit voller Sicherheit an der Spitze gegangen. Es war, als wenn er mit jedem Felsen, mit jedem Baume, an dem sie vorübergingen, mit jedem Steine, auf den sie traten, bekannt sei.

Er machte Halt.

„Da unten ist das Thal, durch das wir müssen", sagte er. „Wir müssen rasch hindurch. Ruhen wir daher ein Viertelstündchen aus."

Sie lagerten sich wie das erste Mal.

Sie waren auf der halben Höhe eines mit dichter Holzung bewachsenen Berges. Um in das Thal zu ihren Füßen zu gelangen, mußten sie steil den Berg hinunter. Sehen konnten sie unter den Bäumen zwischen dem Gesträuch nichts. Sie hörten auch nichts. Der Knabe und die beiden Juden horchten in die weite Nacht hinein, sie vernahmen bis in die weiteste Ferne kein Geräusch.

„Wenn wir das Thal da unten hinter uns haben", sagte Schlom Benbix, „dann ist keine Gefahr mehr für uns da?"

„Ihr fürchtet Euch wohl vor dem Thale da unten?" sagte der Knabe.

„Man muß immer vorsichtig sein, Bursche."

Der Knabe lachte.

„Ihr Juden habt nicht viel Muth! Woher kommt das?"

Sie antworteten ihm nicht.

Sein frischer Muth schien zum kecken Uebermuth werden zu wollen. Er hatte den Zug so sicher und glücklich geführt; er fühlte sich so reich; dreißig Thaler waren ihm schon ein Kapital gewesen, jetzt hatte er vierzig die Furcht der Juden weckte den Widerspruch in ihm.

„Still! Hörtet Ihr da nicht etwas?" fragte er.

Aaron Levi griff schon nach dem Stiefel, in dem er sein langes Messer stecken hatte.

„Wo hörtest Du etwas?" fragte der besonnene Schlom Benbix.

„Ich meinte, es sei da unten links gewesen."

„Dort war nichts", sagte der Jude.

„Aber da oben rechts, Herr Schlom Benbix."

„Wahrhaftig!" mußte Schlom Bendix bestätigen. „Aber es ist oben in den Zweigen. Da rührt sich etwas."

„Und seht Ihr nicht? Da blitzt und leuchtet es auch."

„Soll Gott mich behüten, ein Gewehr!" flüsterte Aaron Levi.

Er kroch hinter die andere Seite des Baumstamms, an dem sie sagen.

Bernhard lachte.

„He, Aaron Levi, warum zieht Ihr Euer langes Messer nicht?"

„Warum kletterst Du nicht hinauf, Hund?" brummte der Jude.

„Wenn es Euch Vergnügen macht, Aaron Levi, so thue ich es. Es wäre das erste Mal nicht, daß ich da oben bei dem Neste der alten Nachteule gesessen hätte."

„Was schwatzest Du, Bursche?" rief Schlom Bendix.

„Ja, Schlom Bendix, es ist eine alte Ulme, in der es sich da oben regt, und eine alte Nachteule ist aus ihrem Neste herausgekrochen und glotzt uns mit ihren glühenden Augen an."

„Du kennst hier wohl jeden Baum, mein Bursche?"

„Gewiß. Aber etwas Anderes muß ich Euch doch sagen. Es bringt kein Glück, wenn einen in der Nacht ein paar glühende Eulenaugen so aufs Korn nehmen. Ich habe das einmal selbst erfahren müssen und gerade hier und mit derselben Eule. Soll ich' es Euch erzählen?"

„Erzähle es."

„Es sind schon drei oder vier Jahre her. Da hinten, hundert Schritt weiter, wußte ich ein Rabennest mit vier Jungen. Ich wollte die Jungen haben. Aber das Nest war ganz hoch in den obersten Zweigen einer großen Eiche, und bei Tage hielten die beiden Alten immer Wache dabei; sie hätten mich den Baum hinuntergeworfen und ich hätte Hals und Beine brechen müssen, wenn ich mich hinaufgewagt hätte. Da versuchte ich es des Abends. Wenn die Thiere aus dem Schlafe gestört wurden, mußten sie wie verstört sein, in der Dunkelheit hin und her fliegen, und die Jungen waren mein. So dachte ich. Aber ich mußte an der Ulme vorüber, und wie ich auf einmal zu ihr hinaufsehe, kommt gerade die alte Eule heraus und schaut mich mit ihren feurigen Augen just so an wie jetzt, daß mir das Herz im Leibe zu beben anfing, und wie ich darauf zu der Eiche kam — aber da höre ich doch etwas", unterbrach sich plötzlich der Knabe. „Und diesmal ist es wahrhaftig da unten links."

Sie horchten alle.

„Es klingt wie ein Wagen", sagte Schlom Bendix.

Konrad Maurer war hervorgetreten. Er hatte dasselbe Geräusch gehört.

„Ist da unten links nicht der Weg nach Ovelgönne?", fragte er den Knaben.

„Freilich."

„So ist es der Wagen der Mamsell von Ovelgönne. Sie war noch an der Sägemühle, als wir fortgingen, und ihr Wagen war noch nicht angespannt."

Bernhard hatte nachgesonnen.

„Es wäre möglich", sagte er. „Es war aber auch noch der Wagen des Mindener Regierungsraths an der Sägemühle. Wenn nun der es wäre? Wenn seine Leute ihm folgten oder gar einen nähern Weg durch das Gebirge genommen hätten? Es gibt deren mehrere, und wenn auch der, den wir nehmen, der kürzeste ist, so hatten doch die Grenzjäger keine Packen zu tragen und brauchten nicht zweimal Rast zu machen."

„Wir wären also verrathen, Bursche?"

„Ihr lagt lange in dem Schuppen an der Sägemühle. Ihr wart Eurer die vielen Menschen. Wie leicht konnte Euch nur ein einziger Mensch sehen! Es wurde dann Wache ausgestellt. Man sah uns fortziehen, wie sicher wir uns auch glaubten. Und wenn man die Richtung unseres Weges wußte, so wußte man auch, daß wir auf Warburg gingen; denn von der Sägemühle bis

Warburg führt keine Brücke und keine Fähre über die Diemel."

„Und was nun, Bursche?" fragte Schlom Bendix.

„Der Wagen ist noch weit hinter uns. Die Beamten werden ihm nicht voraus sein. In dem Thal, durch das wir da unten müssen, sind wir in fünf Minuten. In einer Minute sind wir dann hindurch. Ich führe Euch durch sein schmalstes Ende. Auf seiner andern Seite sind wir in Sicherheit. Brechen wir sofort auf."

„Fort!" rief Schlom Bendix. „Eilt Euch, Ihr Leute!"

Die Leute waren schon sämmtlich auf den Beinen, hatten ihre Lasten aufgepackt.

„Mir nach!" rief Bernhard Henke. „Geht zu drei, damit wir dichter beisammen sind. Tretet nicht zu hart auf. Sprecht kein Wort, damit man das geringste Geräusch hören kann."

Sie thaten, wie er sagte.

Ueber den Knaben war wirklich eine ernste Besorgniß gekommen.

„Schlom Bendix", fragte er leise den neben ihm gehenden Juden, „seid Ihr mit Pistolen bewaffnet?"

„Mit zwei Stück."

„Haltet sie parat."

Er sah sich dann nach Aaron Levi um.

Er erblickte ihn nicht mehr.

„Er ist nach hinten gegangen", sagte Schlom Benbix.

„O, da fühlt er sich wohl sicherer mit seinem langen Messer!"

Sie hatten über die Hälfte ihres Wegs zurückgelegt, ohne den geringsten fremden Laut zu vernehmen.

„Soll ich Euch meine Geschichte mit der Eule zu Ende erzählen, Schlom Benbix?"

„Fürchtest Du nichts mehr, Bursche?"

„Ich denke nicht."

„So erzähle zu Ende."

„Das Ende ist kurz. Ich stieg in die Eiche und kam bis in ihre höchsten Zweige. Das Nest der Raben war fast in der Spitze des hohen Baums. Die Zweige wurden dünner da oben, schwankten und bogen sich. Ich war ganz nahe an dem Neste. Ich wollte danach langen, um die beiden Alten wach zu machen. Da — krach! brach der dünne Ast, auf dem ich stand, ich stürzte herunter, von Ast zu Ast, von Zweig zu Zweig. Das war freilich mein Glück; so kam ich langsamer unten auf der Erde an, zwar mit heilen Gliedern, aber zerschunden, daß ich erst wieder in einen Baum klettern konnte, als die Jungen längst ausgeflogen waren. Das Unglück hatte mir die alte Eule gebracht. Und heute Abend — aber, Gott sei mir gnädig, was ist denn das dort unten? Steht, steht! Steht alle wie die Mauern! Rührt Euch nicht!"

Er sprach die Worte in leisestem Flüsterton. Er stand wie in dem' Boden festgewurzelt. Sie standen alle regungslos.

Sie waren noch fünfzig bis sechzig Schritte über dem Thalgrund, in den sie hinabsteigen mußten. In einer Minute konnten sie unten sein. Sie waren unter Bäumen. Das Thal war hier, fast unmittelbar an seinem Ende, zu einer schmalen Schlucht verengt. An einer lichten Stelle des Waldes war Bernhard stehen geblieben; er konnte dort in die Tiefe blicken.

„Was siehst Du, Bursche?" fragte Schlom Benedix.

„Seht Ihr das Schwarze da unten?"

„Es ist ein Baumstamm."

„Da hat nie ein Baum gestanden. Und seht, es rührt sich!"

„Wahrhaftig!".

„Und da tritt ein zweiter Mann zu dem ersten. Es sind die Grenzbeamten. Sie haben uns gehört. Sie sprechen mit einander, was sie thun sollen."

„Und was thun wir, Bursche?"

„Halten wir Rath, Schlom Benedix. In die Tiefe da unten können wir nicht. Sie wird besetzt sein. Umkehren, für heute Nacht unser Unternehmen aufgeben sollen wir nicht?"

„Nein."

„So bleiben uns zwei Wege. Der erste ist hier rechts von uns, um die Schlucht herum. Es sind steile Felsen dort, die kein Mensch ersteigen kann. Nur ein einziger schmaler Pfad führt hindurch. Wenn er besetzt ist, so sind wir darin eingeschlossen wie eine Heerde Schafe im Stall."

„Dein zweiter Weg?"

„Geht dort links, mitten durch die Breite des Thals. Dort erwartet man uns nicht. Hier haben sie sich alle zusammengezogen."

Schlom Bendix sann nach.

„Versuchen wir vorher, ob der Pfad zwischen den Felsen besetzt ist", sagte er dann.

„Und wer will hingehen?" fragte Bernhard. „Es könnte ihm das Leben kosten. Sie werden schießen."

„Bursche", sagte der Jude, „hast Du nicht Deine vierzig Thaler bekommen, um uns sicher zu führen? Versprachst Du es nicht?

Bernhard Hente erwiderte ihm kein Wort.

„Bleibt hier, bis ich zurückkomme", sagte er, „oder bis —"

„Oder?" fragte der Jude.

„Oder bis mich eine Kugel getroffen hat."

Damit wandte sich der muthige Knabe rechts, und nach wenigen Schritten war er in der Dunkelheit unter den Bäumen verschwunden.

Die Andern standen schweigend und horchten mit angehaltenem Athem in das Dunkel hinein.

Sie hörten nichts.

Nach drei Minuten kam der Knabe zurück.

„Es ist Alles besetzt. Ich hörte sie mit einander flüstern. Es sind ihrer viele."

„Wir können also hier nicht durch?"

„Nein. Aber ich habe einen andern Plan."

„Laß ihn hören."

„Unter Euren Waaren sind einige, die weniger Werth haben als die andern."

„Es könnte sein."

„Und wenn Ihr sie verloren gebt, so habt Ihr an den andern noch immer Profit genug?"

„Profit? Wie heißt Profit? Aber sprich weiter. Dein Plan?"

„Mein Plan ist, wir theilen uns. Der eine Theil geht mit den bessern Waaren nach links. Der andere bleibt mit den schlechtern hier, sucht nach einer Weile zum Schein in die Schlucht zu bringen, kehrt aber bei dem ersten Geräusch um, läuft zuerst einige Schritte weit mit den Waaren nach dem Berg zurück, wirft dann die Waaren von sich, um leichter fortzukommen und die Beamten aufzuhalten, und rettet sich so. Das Alles macht Lärm; die Beamten werden schreien, schießen, um die Kameraden, die dort links im Thale sind, herbeizurufen. So wird die Luft dort rein und die guten und theuern Waaren sind gerettet. Ueberlegt Euch die Sache, aber macht schnell."

Die beiden Juden und Konrad Maurer umstanden den Knaben.

„Wißt Ihr einen andern Rath?" fragte sie Schlom Bendix.

Aaron Levi schwieg. Er war schon lange stumm geworden.

„Der Rath des Burschen ist der beste", sagte Konrad Maurer.

„So folgen wir ihm."

Schlom Bendix theilte die Lastträger. Aber er machte zwei sehr ungleiche Theile; fünf Mann stellte er auf die eine, fünfzehn auf die andere.

„Konrad Maurer", sagte er dann, „Du wirst mit den Fünfen hier bleiben. Der Bursch Bernhard wird die Fünfzehn führen. Bei ihnen werde ich sein. Aaron Levi wird —"

Er sah sich nach Aaron Levi um. Aber Aaron Levi war fort, verschwunden.

„Mit seinem langen Messer", lachte der Knabe.

„Und mit seinem großen Maule!" sagte Konrad Maurer.

„Und nun fort!" rief der Knabe Bernhard. „Wir zwei mit den fünfzehn Mann so leise wie möglich. Du, Konrad Maurer, wartest eine Minute, dann brichst Du los."

Sie schieden. Konrad Maurer blieb mit seinen fünf Mann. Der Knabe wandte sich mit dem Juden Schlom Bendix und den fünfzehn Mann nach links in das Gebirge zurück; sie traten kaum hörbar auf.

Sie konnten sechzig bis siebzig Schritte zurückgelegt haben, als es hinter ihnen laut wurde.

„Halt! Werda!" rief es.

Dann war ein paar Augenblicke eine Todtenstille.

„Steht, oder wir schießen!" rief es darauf.

Ein hastiges, lautes Rennen folgte, dem Rennen ein Schuß, ein zweiter.

„Hierher, hierher! Alle Mann hierher!" wurde dann durch die Nacht gerufen.

Ein zweites hastiges Rennen wurde gehört. Es kam aus der Mitte des Thals. Ein Haufen Menschen lief von da nach dem Ende, nach der Schlucht hin, in der geschossen, gerufen war. Man hörte die Waffen der Laufenden klirren.

„Die Kriegslist ist geglückt!" sagte Bernhard Henke. „Rasch noch fünfzig Schritt voran! Dann durch!"

Sie eilten rasch noch fünfzig Schritte voran.

„Jetzt hinunter!"

Sie liefen den Berg hinunter.

„Ein Wagen!" rief Schlom Benedix.

Sie hörten wieder das Rollen eines Wagens unten im Thale, nur wenig links von ihnen.

Der Knabe stutzte.

„Das wäre ein zweiter Wagen!"

„Der Regierungsrath?" fragte Schlom Benedix.

„Wenn er es nicht vorhin war. Aber gleichviel! Wir müssen durch. Ohne Säumen! Der Wagen ist noch hundert Schritt von uns. Vorwärts!"

Sie liefen vollends den Abhang des Berges hinunter. Sie waren an seinem Fuße. An dem Fuße hörte der Wald auf. In dem Thale standen nur einzelne Sträucher. Sie wollten unter den letzten Bäumen hervortreten.

„Halt! Werda!" rief es unmittelbar vor ihnen.

Blanke Gewehre blitzten ihnen in dem Sternenlichte entgegen.

„Teufel!" rief der Knabe. „Sie waren klüger als

„Wir sind verrathen, verloren!" rief Schlom Bendix.

„Zurück, zurück!" rief er den Lastträgern zu.

Die flogen schon zurück.

Aber sie hatten ihre Last von sich geworfen, um leichter laufen zu können.

Alle die theure Waare!

„Hunde von feigen Christen!" rief wüthend der Jude.

Aber er folgte laufend den Laufenden.

„Halt! Steht, oder wir schießen!" riefen die Grenzjäger. „Wer nicht steht, wird niedergeschossen!"

Sie liefen eiliger, hastiger, dem Tode zu entrinnen.

Unten fielen Schüsse; die Kugeln durchschnitten die Blätter, fuhren in die Stämme der Bäume.

Von den Fliehenden mußte Niemand verwundet sein; man hörte kein Fallen, kein Rufen.

„Ihnen nach! Ihnen nach!" rief es unten.

Die Grenzjäger drangen in den Wald, den Berg hinan. Im Vordringen luden sie ihre Gewehre wieder.

Da rannte auch Bernhard Henke, bevor die zweite Salve gegeben wurde. Aber er folgte nicht den Andern. Ihnen mußte die zweite Salve folgen. Er schlug sich zur Seite.

„Hier rechts läuft einer! Zwei Mann ihm nach!" wurde commandirt.

Der Knabe hörte, wie zwei Mann ihm folgten; die Andern eilten dem Haufen nach.

Er flog unter den Bäumen dahin; er war so behende.

Es half ihm auch das nicht.

Die Verfolger hatten wieder geladen.

Zwei Schüsse fielen fast gleichzeitig hinter ihm.

Die eine Kugel hörte er neben sich her durch die Blätter sausen. Die zweite hörte er nicht; aber er fühlte einen plötzlichen Stoß in die Schulter, dann einen heftigen Schmerz; dann lief es ihm warm an dem Arme, am Rücken hinunter.

Es war sein warmes junges Blut.

Er hatte noch Kraft, weiter zu fliehen.

Aber den Berg hinauf konnte er nicht mehr. Er lief an dem Abhange hin, geradeaus.

Die Verfolger waren hinter ihm. Er hörte, wie sie im Laufen noch einmal ihre Gewehre luden.

Der Schmerz in seiner Schulter wurde heftiger, seine Kräfte wurden schwächer.

„Sie werden noch einmal auf mich schießen! Sie werden mich meiner armen Mutter als Leiche in das Haus bringen. Die Henriette sagte es wohl, auch die Mamsell. O meine arme Mutter!"

An sich, an sein junges Leben, von dem er scheiden sollte, dachte der brave Knabe nicht.

„Ob ich mich ergreifen lasse?" fragte er sich dann. „Ich rettete das Leben. Die Kugel in der Schulter wird so schlimm nicht sein. Aber ins Zuchthaus müssen! Wie ein Dieb, ein Räuber, ein Mörder! Lieber —"

Lieber todt! wollte er sagen. Aber er sprach das Wort nicht laut. Sein frischer Muth wich nicht von ihm.

„Müssen sie mich denn zum zweiten Male treffen?"

Er rannte weiter, er konnte es noch.

Aber die Verfolger kamen ihm näher.

Und er war am Rande des Waldes, am Fuße des Bergs; er sah das offene Thal vor sich, und er mußte hinein, hinter ihm waren die Verfolger.

Er flog hinein.

Sie hatten es ihm wohl nicht zugetraut.

Er gewann einen Vorsprung.

Da sahen sie ihn dennoch.

„Dort läuft er! Dort, dort!"

„Steh, Bursche, oder wir schießen Dich nieder."

Er rannte wie rasend, aber mit seinen letzten

gönne! Wenn ich es noch erreichen könnte! Es ist nicht möglich."

Er konnte nicht mehr weiter. Es war ihm, als wenn er umsinken müsse.

Da vernahm er einen Ton, den er vorher schon zweimal gehört hatte.

Ein Wagen fuhr im Thale, nicht weit von ihm. Er sah ihn.

Er nahm noch einmal seine Kräfte zusammen. Er lief auf den Wagen zu. Er kam ihm näher.

"Hülfe!" rief er.

Doch nein, er konnte es nur noch stöhnen.

Der Domherr von Aschen war zu seiner Laube zurückgekehrt, in der die Mamsell Karoline Pohrmann und die Frau Mahler sich noch befanden.

"Ihr wünscht wohl nach Hause zurückzukehren?" sagte er zu den Beiden.

"Wir warteten nur auf Dich, Onkel Florens."

"Da muß ich also um Verzeihung bitten, daß ich so lange blieb. Ich lief in den Bergen herum. Der Abend ist so still, so schön. Die ganze Natur ist hier so still und schön, so jung und frisch, so würzig und duftig zwischen ihrem Frühling und ihrem Sommer. Da kamen allerlei nichtsnutzige Gedanken über mich und ich vergaß mich und Euch."

„Nichtsnutzige Gedanken an dem schönen Abend, Onkel Florens?"

„Ja, recht nichtsnutzige! Ich hätte der Welt fluchen mögen, den Menschen, der Vorsehung gar, wenn ich nicht zur rechten Zeit an die Vorsehung gedacht hätte. Der Krieg, der Mord, alle die Raserei des Kriegs und des Mordes traten vor mich. Auch dort hinten, jenseits des alten Rheins, hat dieser stille, schöne Abend sein hohes Sternenzelt so friedlich ausgespannt über Hunderttausende armer Menschen, die an der nackten Erde liegen, nur erfüllt von dem Gedanken des Hasses, der Rache, des Mordes oder von der blassen Furcht des eigenen Todes. Morgen, wenn der Tag graut, werden sie gegen einander getrieben, einander zu morden, zu vernichten. Getrieben wie wilde Thiere, wie Tiger gegen Panther, wie Panther gegen Löwen! Und sie sind alle Menschen, und die Menschen nennen sich alle Brüder und sollten es sein und sind es. Und es gibt Menschen, die ihre Freude daran haben, an diesem Morden, an dieser Wuth, die kein Thier gegen ein Thier seiner Rasse hat. Und es sind menschliche Wesen, wenn sie auch nicht sein wollen wie andere Menschen. Und das Morden und die Wuth, die Raserei der Andern ist ihr Triumph, ihre Ehre und ihr Ruhm. Und die Menschheit erkennt diesen Ruhm an und erhebt ihn und wirft sich vor ihm nieder in den Staub, und nennt es die Geschichte. — Aber fahren wir. Ich werde den Wagen bestellen und auch die Kellnerin zu Euch führen, damit Ihr von Eurer neuen Freundin Abschied nehmen könnt."

Er ging zu dem Wirthshause.

Dort war reges Leben. Die Zollbeamten waren am Aufbrechen.

Ein Grenzjäger, so erzählte der kleine Kutscher der Mamsell Lohrmann dem Domherrn, war wenige Minuten vorher eilig in das Haus gekommen, hatte einen Zollinspector aus dem Zimmer, in welchem die höhern Beamten mit dem fremden Regierungsrath an der Tafel saßen, herausrufen lassen und ein paar heimliche Worte zu ihm gesprochen. Der Inspector war in das Zimmer zurückgeeilt. Gleich darauf war ein allgemeiner Aufbruch der sämmtlichen Beamten entstanden. Der Wagen des Regierungsraths war angespannt, die Pferde der andern Beamten waren vorgeführt, die Grenzjäger hatten ihre Waffen genommen.

Die Jäger standen in dem Hausflur militärisch aufgestellt, einzelne andere Beamte gingen geschäftig hin und her. Man wartete auf den Regierungsrath, der mit dem Oberinspector noch im Speisezimmer war. Er berichtige die Zeche, sagte der kleine Kutscher. Für alle. Er halte heute alle frei; er erwarte heute Nacht einen ganz besondern Diensteifer von ihnen; es gelte einen wichtigen Fang.

Die Kellnerin kam aus dem Speisezimmer.

„Nun wird er kommen!" flüsterte es.

Der Regierungsrath, der Regierungsrath von Minden war gemeint. Er war den Beamten eine hohe vorgesetzte Person. Die Jäger zogen strammer die Gewehre an, als wenn sie vor ihm präsentiren wollten. Die Andern krümmten schon die gehorsamen Rücken.

Der Regierungsrath trat aus dem Zimmer, gefolgt von dem Oberinspector.

Die Jäger standen unbeweglich; die Andern verbeugten sich tief.

Der Regierungsrath war wirklich ein Herr von vornehmem Aussehen, eine große stattliche Figur mit einer hohen Stirn, einem regelmäßig, etwas aristokratisch geformten Gesicht, einem würdigen und zugleich höflichen, in diesem Augenblicke höflich herablassenden Wesen. Er war noch ein junger Mann, vielleicht noch in der ersten Hälfte der dreißiger Jahre.

Der Domherr hatte sich ihn genau betrachten müssen; er konnte sich keine Rechenschaft darüber geben, warum. Der vornehme, höfliche, herablassende Mann schien ihm nicht sonderlich zu gefallen; warum, war ihm wohl gleichfalls nicht klar.

Der Regierungsrath blieb einen Augenblick im Flur stehen. Er ließ seinen Blick über seine sämmtlichen Untergebenen schweifen, streng; es war ein dienstlicher Blick. Weniger streng sprach er:

„Ich hoffe, nein, ich bin überzeugt, daß jeder von Ihnen heute Nacht seine Schuldigkeit thun wird."

Mit den Worten schritt er aus dem Flur zu seinem Wagen, der draußen vor der Thür hielt.

Sie folgten ihm alle.

Der Oberinspector hob ihn unterthänig in den Wagen und mußte sich zu ihm setzen.

Der Wagen fuhr rasch davon; die Andern folgten ihm zu Fuß, zu Pferde.

Der Domherr hatte still zugeschaut.

Als er sich umwandte, stand die Kellnerin Henriette Brand vor ihm.

Sie zeigte eine so besondere Unruhe.

„Was fehlt Ihnen, Kind?" fragte sie der Domherr.

„Die richten heute Nacht noch ein großes Unglück an", antwortete sie.

„Ja", sagte der Domherr, „Glück bringen die niemals mit sich. Seltsame Dinge, unsere Staaten! Zum Schutze, zur Wohlfahrt der Menschen, der sogenannten

Unterthanen, wollen sie da sein, und sie haben so viele Institute und Organe, vor denen der Unterthan läuft, soweit er nur laufen kann, weil sie ihm nichts als Unglück bringen. Aber haben Sie jetzt Zeit, Kind?

„Ich bin für heute frei."

„So begleiten Sie mich, Abschied zu nehmen."

Sie gingen zur Laube.

Die Kellnerin nahm Abschied von den beiden Frauen.

„Wir bleiben Freundinnen", küßte Karoline Lohrmann das Mädchen. Der Onkel Florens hat es gesagt. Und wir werden uns öfter wiedersehen; hoffentlich in Freude, nicht in Leid. Und wer zuerst Nachricht von der Armee bekommt, theilt sie den Andern mit."

Dann sah auch sie die Aengstlichkeit der Kellnerin.

„Was haben Sie?" fragte auch sie.

„Der arme Bernhard, Mamsell!"

„Was ist es mit ihm?"

„Er ist mit den Schmugglern fort. Und kaum konnte er fort sein, als ein Grenzbeamter in das Haus stürzte. Er hatte in der Nähe auf Wache gestanden und den Zug der Schmuggler gesehen. Er brachte die Nachricht. Sie wurde dem Regierungsrath mitgetheilt. Ach, es schnitt mir in das Herz, wie das falsche Gesicht des vornehmen

Mannes triumphirte. Der arme Bernhard! Er glaubte sich so sicher, und kein Mensch kann ihn warnen."

„Hoffen wir, daß er unter Gottes Schutz stehe", sagte die Mamsell.

Die Bergchaise der Mamsell fuhr an dem Garten vor.

Sie gingen hin. Der Domherr stieg mit den beiden Frauen ein. Der Kellnerin wurde noch ein Lebewohl zugerufen. Sie fuhren fort.

Sie saßen still im Wagen.

Der Domherr brach zuerst das Schweigen.

„Der einfache Sinn ist doch immer der klarste", sagte er. „Ich sah es so oft an Dir, Karoline. Heute zeigte es mir die Kellnerin wieder. Da war der vornehme Regierungsrath aus Minden —"

Karoline Pohrmann fühlte ein Zucken neben sich; die Frau Mahler saß an ihrer Seite.

Der Domherr fuhr fort:

„Der Mann war eine so stattliche Figur, war ein schöner Mann, hatte etwas sehr Gewinnendes in seinem Wesen und wollte mir doch nicht gefallen, und ich wußte nicht, was es war. Da sagte es nachher die Kellnerin mit ein paar Worten: das falsche Gesicht des Mannes und der boshafte Triumph darin. Ja, ja, wohin der kommt, dahin bringt er kein Glück!"

Die Frau Mahler hatte sich in die Ecke des Wagens

gebrüllt, daß Karoline Lohrmann das Beben ihrer Körpers nicht fühlen sollte.

Karoline suchte das Gespräch auf Anderes zu bringen. Oder war es nicht absichtlich?

„Der arme Bernhard!" sagte sie. „Wenn ihm nur kein Unglück zustößt!"

Der Domherr fragte, was es mit ihm sei.

Karoline erzählte ihm.

Der Domherr fragte weiter nach dem Knaben und dessen Verhältnissen.

„Die Leute sind arm", erzählte Karoline weiter. „Der Mann gehörte früher zu den wohlhabendern Bauern in dem Dorfe Niederhelmern. Reiche Bauern wie in den andern Gegenden Westfalen's haben wir nicht. Wir sind hier an der hessischen Grenze. Er hatte früh geheirathet. Da wurden wir im Jahre 1803 preußisch. Preußen hat immer viele Soldaten nöthig —"

„Oder auch nicht nöthig", warf der Domherr hin.

Karoline fuhr fort:

„Das Erste, was nach der Besitznahme geschah, war eine Soldatenaushebung. Auch der Bauer Henke wurde ausgehoben. Er mußte Frau und Kind verlassen. Die Frau war brav, aber sie konnte die Wirthschaft nicht bezwingen, wie es sein mußte; die schweren preußischen Steuern kamen hinzu. Die Wirthschaft ging zurück.

Nach drei Jahren kam zwar der Mann wieder. Er war aus der Schlacht von Jena weggelaufen mit seinem halben Regimente. Sie waren mehr vor den eigenen Offizieren und Unteroffizieren gelaufen als vor den Franzosen. Er war gerannt ohne Aufenthalt bis zu seinem Hause. Aber seine Rückkehr war kein Glück; sie war das wahre Unglück der Frau. Er kam betrunken zu Hause an; er ist seitdem bis heute nicht wieder nüchtern gewesen. Er war unter den Soldaten völlig verwildert, unter den Menschen, die gezwungen waren zu dienen, noch mehr unter all dem schlechten Gesindel, das in aller Welt sich hatte anwerben lassen. Er hatte Stockprügel erhalten, er hatte Spießruthen laufen müssen. Es ist nicht zu sagen, was die unglückliche Frau in der Reihe von Jahren hat tragen und dulden müssen. Ein jüngerer Bruder hatte ihr zuletzt beigestanden. Er wurde ihr im vorigen Jahre genommen; er wurde zur Landwehr eingezogen; er hat auch jetzt wieder mit nach Frankreich marschiren müssen. Ihr einziger Trost war der Bernhard."

„Und", sagte der Domherr, „nachdem sie ihr die Stützen genommen hatten, nehmen sie ihr jetzt auch den Trost. Und während der arme Landwehrmann, der Bruder, dahinten von den Franzosen sich muß todtschlagen lassen, wird der Sohn hier wie ein wildes Thier zu Tode gehetzt. Das ist der Dank für das Volk.

Es ist die uralte Geschichte, und das Volk bringt gehorsam und treu und willig immer wieder neue Opfer, um sich den Dank von neuem zu holen!"

Sie hatten das Thal erreicht, in dem das Gut Obelgönne lag. Sie waren schon eine Strecke weit hineingefahren, als der Kutscher auf seinem niedrigen Bock, wie die Bergchaisen ihn haben, sich umwandte. Er war ein junger, gewandter Bursche.

„Mamsell", sagte er, es ist so sonderbar heute Abend im Thale. Ich habe schon ein paarmal einen einzelnen Menschen seitwärts im Gebüsche gesehen. Die Leute schienen auf der Lauer zu stehen; sie verbargen sich, wenn der Wagen näher kam; war er vorbei, so kamen sie halb hervor, um ihm nachzusehen. In diesem Augenblicke sah ich wieder einen, und ich gewahrte deutlich, daß er ein Gewehr trug."

Karoline Lohrmann erschrak.

„Die Grenzjäger!" sagte sie. „Bernhard's Verfolger! Aber wie käme er hierher? In das offene Thal?"

Auf einmal fiel ihr etwas ein.

„Er wäre noch nicht hier! Wir könnten ihn noch erwarten! Ich muß es."

„Christoph, halt!" rief sie dem Kutscher zu.

„Was hast Du vor?" fragte der Domherr.

„Onkel Florens, an Dich habe ich eine Bitte. Ich

gehe mit Christoph zurück; willst Du so gütig sein, unterdeß das Pferd zu halten?"

„Karoline, was fällt Dir ein?"

„Ich muß wahrhaftig, Onkel Florens."

„Nein, Karoline, Du mußt nicht. Ich gehe für Dich mit dem Christoph, der die Wege im Gebirge besser kennt als ich. Steige ab, Christoph, und Du, Karoline, fahre nach Hause. Ich komme Dir zu Fuße nach; wir haben nicht weit mehr nach Ovelgönne."

Karoline wollte Einwendungen machen.

Es kam anders, als sie beide dachten.

Der Kutscher hatte gehalten; er wollte absteigen.

Man hörte plötzlich Schüsse fallen, eine ganze Salve; einzelne folgten.

„Es ist zu spät!" rief Karoline.

„Die Hetze hat schon begonnen!" sagte der Domherr.

Es war so. Und sie sollte fortgesetzt werden.

Die Schüsse waren tiefer hinten im Thale gefallen, nach Ovelgönne zu, aber seitwärts, dort, wo aus dem Thale eine Seitenschlucht lief.

An dem Wagen vorüber rannten Menschen nach der Gegend hin. Sie trugen Gewehre; es waren Grenzjäger; wohl dieselben, an denen der Wagen vorbeigefahren war, als sie in dem Gebüsch auf Wache standen.

„Hin, hin! Ihnen nach!" rief Karoline dem Kutscher zu.

Der Wagen flog den Grenzjägern nach.

Einzelne Schüsse fielen noch zur Seite.

Der Wagen kam ihnen näher.

Aus dem Gebüsche seitwärts kam ein Mensch hervorgestürzt.

Andere folgten ihm, verfolgten ihn.

„Hülfe!" rief der Fliehende.

Er rief es wie in Todesangst.

„Bernhard! Bernhard!" schrie Karoline Vohrmann auf.

Sie sprang aus dem Wagen in seinem vollen Laufe. Sie flog auf den Knaben zu.

„Hier, Bernhard, hier!" rief sie.

Die Verfolger waren keine zehn Schritte mehr von ihm.

Sie hatte ihn eher erreicht, er sie.

Er lief mit seiner letzten Kraft.

Er schwankte, er war am Niedersinken.

Sie fing ihn auf; sie schlug ihre beiden Arme um ihn. Sie hob ihn auf mit allem seinem Blute, das ihm den Körper schon bedeckte, das noch aus der verwundeten Schulter floß, mit seinem todbleichen Gesichte, mit seinen brechenden Augen. Er hatte sie noch einen Augenblick damit ansehen können.

„Mamsell!" hatte er noch sagen können.

Augen sich ihm geschlossen. Karoline Lohrmann trug ihn wie eine Leiche.

„Haben sie Dich zu Tode gehetzt, Du armes Kind?" sagte sie.

Sie trug ihn zu dem Wagen, der gehalten hatte.

Die beiden verfolgenden Grenzjäger waren herangekommen, wollten sie aufhalten.

Der Domherr trat ihnen entgegen.

„Rühre einer sie an!"

Er rief es so stolz, so befehlend; seine Augen flammten durch die Nacht.

Die Zollbeamten standen verlegen.

Aber sie erhielten Hülfe.

In einer Entfernung von hundert Schritten hielt ein zweiter Wagen. Von ihm her eilten mehrere Personen heran.

Ein großer, stattlicher Herr war an ihrer Spitze.

„Was gibt es hier?" fragte er vornehm.

„Herr Regierungsrath" wurde berichtet, „wir verfolgen einen Schmuggler. Er wurde uns hier entrissen; er ist dort in den Wagen gebracht. Man verweigert seine Herausgabe."

„Wer darf sich königlichen Beamten widersetzen?" sagte der Regierungsrath streng.

Er ging zu dem Wagen.

Karoline hatte den Knaben auf die Kissen des Wagens gelegt. Die Frau Mahler hatte ihr geholfen.

Da hatte die Frau die Stimme des Regierungsraths gehört.

Sie hatte einen Schrei der Angst, des Entsetzens erstickt. Sie war bleich wie der Knabe, den sie wie eine Leiche hielt. Sie konnte ihn nur noch krampfhaft halten.

Sie gewann dennoch ihre Fassung wieder.

„Meine Damen", trat der Regierungsrath mit strenger Miene, seine Gestalt höher aufrichtend, seinen Worten Nachdruck gebend, unmittelbar an den Wagen heran „meine Damen, ich bedaure, daß ich hier befehlend auftreten muß; mein Amt zwingt mich —"

Da sah er die zweite der Frauen, die Frau Mahler.

Sie hatte sich zusammengenommen. Sie sah ihn mit einem Blick unsäglichen Hasses und tiefster Verachtung an.

Dem Blicke begegnete der seinige.

Er flog von dem Wagen zurück, als ob ihn der Biß eines wilden Thieres getroffen habe. Er wollte sich wieder aufraffen, zurückkehren; er vermochte es nicht.

„Fort!" rief er seinen Beamten zu. „Der Bursche ist todt. Leichen verfolgen wir nicht."

Er entfernte sich mit den sämmtlichen Beamten.

Die Frau Mahler lag ohnmächtig neben dem Körper des Knaben, den der Regierungsrath eine Leiche genannt hatte.

„Vorwärts, Christoph!" rief der Domherr dem Kutscher zu. „In zehn Minuten müssen wir in Oelgönne sein."

Zweites Kapitel.

Studentengeschichten.

Die Universität Göttingen stand im Sommer des Jahres 1816 in besonderer Blüte. Sie hatte gerade damals bedeutende Lehrer in den meisten Fächern der Wissenschaft und gewährte den jungen Leuten, die sie besuchten, vor andern deutschen Universitäten die meisten akademischen Freiheiten. So fanden sich auf ihr in sehr großer Anzahl namentlich auch diejenigen zum Theil schon gereistern jungen Männer zusammen, die in den Jahren 1813 bis 1815 die Freiheitskriege mitgemacht hatten und nach deren Beendigung die lange unterbrochenen und versäumten Studien mit um so größerem Eifer nachzuholen suchten, dabei aber auch von der einen Seite keiner pedantischen Schuldisciplin und von der andern nicht dem noch engherzigern Burschenpennalismus sich unterwerfen wollten. Besonders waren viele Preußen da. Man sah zu jener Zeit in Göttingen mehr Bart als Flaum, mehr Narben, die in der Feldschlacht, als die auf dem Paukboden eingezeichnet waren; man sah mehr männlichen Ernst als burschikose Wichtigkeit; man sah manche mit Orden und Kriegsmedaillen geschmückte Brust; man sah nicht minder manche Offiziers- oder Freiwilligenuniform, oder irgend ein Stück davon, die Beinkleider, den Rock, die Feldmütze. Und diese Uniformstücke sah man nicht als Schmuck oder Zierrath!

Wie viele Tausende von jungen Männern, die in der Begeisterung jener Zeit für das Vaterland ihren Beruf, ihre Studien, ihre Kunst, ihr Gewerbe, ihr Handwerk verlassen hatten und in den Krieg gezogen waren, hatten zugleich den Rest ihres eigenen geringen oder des Vermögens ihrer Aeltern zugesetzt, um sich selbst Uniform, Wehr und Waffen anzuschaffen und während der theuren Kriegszeit selbst für ihren Unterhalt zu sorgen. Der Staat hätte es nicht gekonnt, namentlich der preußische Staat hätte es nicht gekonnt. Da war nach Beendigung der Kriege Mancher nackt und bloß und mußte von vorn wieder anfangen, um sich etwas zu verdienen, oder die Verwandten brachten die letzten Thaler zusammen, damit ein Geschäft wieder begonnen, die Studien wieder aufgenommen werden konnten. Und da that denn auch auf der Universität das alte Soldatenkleid dieselben Dienste wie ein neuer Bürgerrock sie gethan haben würde, wenn er hätte angeschafft werden können.

Zur Schande gereichte es wahrlich nicht und zum Eifer im Studiren konnte es nur anspornen. Es war ja eine fortwährende lebendige Erinnerung an das, was den jugendlichen Kämpfern in Aussicht stand oder was ihnen wenigstens in Aussicht gestellt war. Je weniger der Staat hatte bieten und gewähren können, desto mehr war ihnen versprochen worden. Alle, die dem Rufe für König und Vaterland gefolgt waren, die an den glorreichen Kämpfen Theil genommen, ihr Blut verspritzt, ihr Vermögen, ihre Existenz geopfert hatten für die Rettung der Throne, für die Befreiung des Vaterlandes, alle sollten künftig und so bald wie möglich den reichsten Ersatz empfangen, und namentlich sollten diejenigen, welche den Studien obgelegen hatten oder obliegen würden, die nächsten und vorzüglichsten Ansprüche auf Beförderung im Dienste des Staates haben. Das war ihnen versprochen, feierlich, öffentlich, wiederholt, und die Jugend glaubt an Versprechungen und auch und ganz besonders an Versprechungen in der Noth.

Es war in der Mitte des Monats Juni des gedachten Jahres 1816, als des Morgens etwa gegen acht Uhr in einem Zimmer an der Weender Straße zu Göttingen ein Student bequem auf dem Sopha mehr lag als saß und zu seinem Morgenkaffee aus seiner langen Pfeife rauchte. So lagen freilich zu derselben Zeit und an derselben Straße wohl Hunderte von Studenten auf ihren Sophas.

Es war auch ein gewöhnliches Stubenzimmer mit einem Sopha, einem halben Dutzend Stühlen, zwei Tischen, einem Secretär und einer Kommode, mit einer langen Reihe langer und lang bequasteter Pfeifen an der einen und einem halben Dutzend Rappieren nebst Fechthandschuhen, sowie mit drei oder vier Paar Pistolen an der andern und wenigen Büchern an der dritten Wand. Es war aber doch Alles, was man sah, von einer Solidität und gar Eleganz, wie man sie in den gewöhnlichen Studentenstuben auf deutschen Universitäten, auch in Göttingen, eben nicht findet. Der Bewohner des Zimmers mußte zu den vornehmern und reichern Studenten Göttingens gehören.

Den Eindruck machte auch seine Persönlichkeit.

Die hohe, schlanke Gestalt zeigte auch in der bequemen, nachlässigen Lage auf dem Sopha eine ungenirte Vornehmheit, die aber um so weniger der Anmuth entbehrte, als sie eine unbewußte zu sein schien; sie mußte also eine, wie man sagt, angeborene sein, was heißen soll: eine von frühester Kindheit an anerzogene. Das schöne Gesicht des jungen Mannes hatte jenen aristokratischen

Schmitt, den man sofort als den einer alten vornehmen Familie erkennt, die seit Jahrhunderten mit großer Sorgfalt von jedem nicht aristokratischen Elemente sich rein gehalten hat.

Der junge Mann war bis auf den Studentenrock völlig angekleidet. Anstatt dessen trug er einen weiten geblumten Schlafrock, der von so feinem, geschmackvollem und reichem Zeuge war, daß eine Dame davon einen Shawl hätte tragen können. Der Feinheit des Schlafrocks entsprach die übrige Kleidung; die Stiefel, keine Studentenkanonen, waren mit kleinen, zierlich gearbeiteten silbernen Sporen versehen.

Die Kleidung zeigte überhaupt nicht den gewöhnlichen studentischen Charakter, wie denn auch der junge Mann, wenn man ihn genauer ansah, wohl nur zur Hälfte als Student erschien. Was es zur andern Hälfte sei, hätte man wohl schwer errathen mögen; vielleicht hätte man es soldatisch nennen können; ein Edelmann, und vielleicht der junge Mann selbst, hätte sicher gesagt: es ist eben edelmännisch, adlig, und zwar nicht blos halb, sondern ganz, ganz und gar.

Der junge Student war nicht allein mit Rauchen und Kaffeetrinken beschäftigt. Er warf dann und wann einen Blick in eine Zeitung, die vor ihm auf dem Tische lag, sah dann freilich wieder in die feinen blauen Wölkchen, die er aus seiner Pfeife blies, und dann wohl auch durch diese hindurch und durch das Fenster, aber nicht um am Himmel andere blaue Wolken zu suchen. Am Ende suchte sein Blick wohl gar nichts, und doch traf er auf etwas, was einen jungen Studenten wohl interessiren konnte.

Gerade seiner Wohnung gegenüber lag auf der andern Seite der Weender Straße gleichfalls ein hübsches Haus, das nur vornehme Quartiere haben mußte. In diesem stand ein Fenster offen, und in dem offenen Fenster zeigte sich eine schwarze Sammtmaske, und die schwarze Maske verbarg kein Studentengesicht. Ein feiner Kaschmir= shawl, doch wohl feiner und theurer als der geblumte Warschauer Schlafrock des Studenten, umhüllte kokett, also mehr andeutend als verbergend, eine reizende Büste und schmiegte sich eng an die zierlichste Taille an.

Und dazu die schwarze Maske?

Der junge Student sah ohne Interesse hin, mit einer großen Gleichgültigkeit sogar; es war eine eigenthüm= liche träge Bequemlichkeit; Blasirtheit konnte man sie trotz alledem nicht nennen.

Kaum eine halbe Minute lang widmete er der mas= kirten Dame seine Aufmerksamkeit, wie sie sich halb in das Fenster hineinlegte, wie die Maske sich nach rechts und nach links bog, als ob sie die Straße hinauf und

hinab schaue. Dann schweifte sein Blick anderswohin
als ob er den allergleichgültigsten Gegenstand von der
Welt gesehen habe.

Gleich darauf zuckte die schwarze Maske auf, wie
heftig, ärgerlich, zornig. Hatten ihre Augen, als sie die
Straße auf und ab zu blicken schienen, nur nach dem
Studenten hingeschielt und war der Zorn über die entsetzliche Gleichgültigkeit desselben in ihr entbrannt? In
dem offenen Fenster blieb sie dennoch.

Der Student sah nicht wieder nach ihr hin. Er
wurde auch bald anderweit in Anspruch genommen.

Die Thür seines Zimmers öffnete sich und ein hübsches
junges Mädchen trat ein.

Es war seine Aufwärterin, aber keine Dienstmagd
des Hauses; es war die Tochter der Wirthin. Seine
Wirthin war wohl eine arme Kaufmanns-, Predigers-,
Beamten- oder auch Handwerkerswittwe, die früher, als
der Mann noch lebte, bessere Tage gesehen hatte und
jetzt sich und ihre Familie dadurch ernährte, daß sie ein
Quartier gemiethet hatte und Stuben an Studenten ver-
miethete. Da war in der kleinen und sparsamen Haus-
haltung an eine Magd nicht zu denken; die Frau, die
Wirthin selbst bediente die Studenten; die Tochter halte
vielleicht schon vom dreizehnten Jahre an geholfen und
vertrat nachher ganz die Mutter.

Man findet dergleichen Zustände und Verhältnisse häufig in den deutschen Universitätsstädten, und nebenbei bemerkt, knüpfen sich darin und dadurch manche Verbindungen an, die später zu glücklichen Ehen werden. Zugleich ein Beweis, daß sie die Sittlichkeit nicht beeinträchtigen. Ausnahmen gibt es überall in der Welt.

Das junge Mädchen sah nach dem Kaffeetisch des Studenten.

„Entschuldigen Sie, Herr Baron", sagte sie dann, „ich wollte nur sehen, ob ich abräumen könnte."

„In einer Viertelstunde!" sagte der Student kurz und wie zerstreut.

„Uebereilen Sie sich meinetwegen ja nicht, Herr Baron."

Damit ging sie aber nicht. Sie trat vielmehr an das Fenster und ordnete dort an den Vorhängen. Oder sie ordnete auch nicht und hatte wohl nur nach einem Vorwand für Anderes gesucht, wie vielleicht auch das Abräumen des Kaffeetisches nur ein Vorwand gewesen war.

„Da ist die häßliche schwarze Maske wieder!" sagte sie.

Sie hatte es nicht für sich gesagt. Der Student antwortete ihr nicht. Sie fuhr fort:

„Und welch ein Zieraffe die Person ist! Wie sie

sich dreht und wendet, daß man nach ihr sehen soll, und wie sie die Augen unter der Maske verdrehen mag, wenn sich kein Mensch um sie kümmern will!"

„Mamsell Gretchen", sagte der Student, „wer das gewahrt, hat sich um sie gekümmert!"

Mamsell Gretchen wurde roth; aber sie war um so eifriger geworden.

„Und wie häßlich sie sein muß! Warum würde sie sonst die garstige Maske tragen? Aber wie solch eine häßliche Person sich noch überhaupt zeigen kann? Was sie sich nur dabei denken mag? Wenn sie auch die runden weißen Schultern zur Schau tragen kann und mit der feinen Taille kokettirt, zuletzt will man doch das Gesicht sehen; und wenn sie dann die Maske abnehmen muß, oder wenn sie ihr mit Gewalt abgenommen wird, und es kommt noch etwas Häßlicheres zu Tage als die die häßliche schwarze Larve selbst, ein von Blattern zerrissenes Gesicht, oder ein Gesicht ohne Nase, oder gar ein Todtenkopf, und der Anbeter flieht entsetzt, mit Abscheu zurück und läuft und eilt, so schnell und soweit er kann — was hat sie dann, was will sie dann noch?"

Der Student hatte mit keinem Worte und mit keiner Bewegung seine hübsche Aufwärterin unterbrochen; er hatte sich nur bequemer in sein Sopha zurückgelegt und schien behaglicher zu rauchen als vorher. Vielleicht trugen die eifrigen Worte der Aufwärterin zu seiner Behaglichkeit bei.

Seine Ruhe störte ihren Eifer nicht.

„Und jedenfalls ist sie eine zweideutige Person, eine Abenteurerin, die es hier auf Jemand abgesehen hat, und man braucht auch nicht lange zu rathen, um zu wissen, auf wen. Sie ist nun vier Tage, ja, heute gerade den vierten Tag da drüben, und sie hat in der ganzen Zeit noch keinen Fuß aus dem Hause, nicht einmal aus ihrem Zimmer gesetzt; und sie ist den ganzen Tag allein mit ihrer Kammerjungfer, eigentlich auch ohne diese; denn die Jungfer darf nur zu ihr kommen, wenn sie klingelt, und muß sonst von früh bis abends in ihrem Hinterstübchen sitzen —"

Der Student unterbrach das Mädchen doch endlich.

„Sie haben genaue Nachrichten, Mamsell Gretchen", warf er hin.

Mamsell Gretchen wurde noch eifriger.

„Ja, Herr Baron, die habe ich, und die ganze Nachbarschaft hat sie. Wie wäre das auch anders möglich, da man die schwarze Maske immer und immer wieder an dem Fenster sieht? Und in der ganzen Weender Straße mag vielleicht nur ein einziger Mensch nichts von ihr

Studenten an, als ob sie wieder eine Unterbrechung von ihm erwarte.

„Und der einzige Mensch bin ich?" sollte er wohl sagen.

Er schwieg aber, und sie mußte das selbst sagen, aber noch nicht sogleich.

„Und dieser einzige Mensch", fuhr sie fort, „ist gerade derjenige, gegen den ihre Pläne gerichtet sind, mit dem sie anbinden möchte, und der —"

Sie sah wieder den Studenten an, und der Student sprach wieder nicht, und sie sagte nun:

„Und der sind Sie, Herr Baron!"

Damit schwieg sie und blickte den Studenten an, um zu sehen, welchen Eindruck ihre Worte auf ihn machten.

Er blieb aber in seiner Lage und bei seinem Rauchen; doch sprach er:

„Mamsell Gretchen, warum sagten Sie mir das Alles?"

Der Student und seine Aufwärterin kannten einander gewiß. Die Studenten und ihre Aufwärterinnen pflegen schon in den ersten Wochen ihres Beisammenseins genaue Bekannte zu sein. Die phlegmatische Frage des jungen Mannes ließ sie doch fast erstarren; aber nur einen Augenblick stand sie regungslos; dann schoß ihr plötzlich dunkle Röthe in das hübsche Gesichtchen, und in ihre

Augen schien etwas Anderes zu schießen, und ohne ein Wort zu sagen und ohne sich nach dem Studenten umzublicken, verließ sie rasch das Zimmer.

Der Student sah ihr eine Sekunde lang wie verwundert nach; dann hatte sein Gesicht wieder den Ausdruck der Gleichgültigkeit, und man glaubte darin zu lesen: Sie ist ein junges Ding, und junge Dinger haben oft allerlei Einfälle.

Vielleicht hatte er nicht einmal so viele Worte für den Gedanken.

Die Aufwärterin war ein noch junges Ding. Sie mochte kaum sechzehn oder siebzehn Jahre zählen.

Der Student wolke wieder nach seiner Zeitung langen. Nach der schwarzen Maske sah er nicht wieder hinüber. Sie war ihm also durch das Gespräch der Aufwärterin nicht interessanter geworden.

Es ist eine eigene Sache um die Psychologie!

Der Student kam auch nicht wieder zum Lesen der Zeitung.

Die Thür des Zimmers öffnete sich wieder.

Diesmal trat ein Student ein.

An der Farbe des Bandes, das er über der Brust trug, sah man, daß er zu der Verbindung der Kurländer, zur Kuronia gehörte. Er mußte ein Fuchs der Verbindung sein.

„Bocholtz läßt Ihnen sagen", sprach er meldend, „daß er leider wieder recht unwohl geworden ist; er kann Ihnen daher heute nicht secundiren und fragt Sie, ob Sie die Paukerei nicht bis morgen aufschieben könnten."

Der Student, an den die Worte gerichtet waren, nahm sie mit seiner gewöhnlichen Ruhe auf.

„Wenn ich es nicht könnte?" fragte er.

„So wird Ihnen Rurik sekundiren. Aber Bocholtz möchte gern selbst Ihr Secundant sein."

Der Andere sann einen kurzen Augenblick nach.

„Es muß heute sein", sagte er dann. „Ich bitte Rurik, in einer halben Stunde hier zu sein. Der Wagen fährt hier vor. Bocholtz spreche ich später."

Der Fuchs ging.

Der Andere wollte wieder nach der Zeitung langen.

Die Thür wurde nochmals geöffnet; die Aufwärterin trat wieder ein.

Sie sah etwas blaß aus.

„Herr Baron, ein Herr wünscht Sie zu sprechen."

„Wer?"

„Er wollte sich nicht nennen."

„Sein Aussehen?"

„Ein alter Herr. Ein Fremder, wie es schien."

Der Student wollte wohl sagen, daß er nicht zu Hause sei.

Die Thür wurde geöffnet. Der alte Herr, der sich hatte anmelden lassen, trat ein. Er war wohl weniger phlegmatisch als der junge Student.

„Guten Morgen, Gisbert!"

„Guten Morgen, Onkel Florens!"

Die Aufwärterin verließ das Zimmer.

Onkel und Neffe reichten sich die Hand.

„Woher kommst Du, Onkel?" fragte der Neffe.

„Von dahinten, aus den Sandwüsten unseres neuen Vaterlandes."

„Aus Berlin?"

Der Domherr antwortete nicht. Er hatte sich in dem Zimmer umgesehen, als wenn er etwas suche.

„Ist Gisbertine hier?" fragte er auf einmal.

„Gisbertine?" rief der junge Freiherr.

Die plötzliche Frage schien doch seinem Phlegma oder seiner Ruhe einen kleinen Stoß versetzt zu haben.

„Sie ist fort", sagte der Domherr.

„Das heißt, Onkel?"

„Das heißt, sie hat vor vierzehn Tagen plötzlich ihren Onkel Steinau verlassen, nachdem sie ihm ein Zettelchen geschrieben, worin sie ihm mittheilt, es gefalle ihr, eine Reise zu machen; er werde bald weitere Nachricht von ihr erhalten; woher, könne sie noch nicht sagen. Den Zettel bekam der General natürlich erst, als sie fort war.

Und als sie fort war, war sie spurlos verschwunden. Dame Gisbertine war wieder einmal recht in ihrem Genre. Der General schrieb mir sofort, ob ich nichts von ihr wisse. Ich reiste zuerst zu ihm, um mich näher zu erkundigen; vielleicht war sie auch schon wieder da. Aber sie war und blieb fort, und ich dachte an Dich und hier bin ich. Aber warum hörst Du mich nicht an? Was starrst Du nach dem Fenster drüben?"

Der junge Freiherr Gisbert von Aschen war schon seit einer Weile an das Fenster getreten und blickte unverwandt nach dem Fenster der schwarzen Maske; von den Worten des Onkels mochte er dabei allerdings keins verloren haben. Auf die Frage des Domherrn antwortete er:

„Drüben ist eine schwarze Maske, Onkel."

„Was geht sie mich an?"

„Seit vier oder fünf Tagen."

Der Domherr war aufmerksam geworden.

„Eine Dame?"

„Ja."

„Alle Wetter und Hagel!"

Er sprang an das Fenster.

„Man sieht ja nichts."

„Ja, weil Du da bist, Onkel!"

Der Domherr wurde ärgerlich.

„Zum Teufel, träger Bursche, erzähle. Thu Deinen Mund auf. Wie kann man mit Deiner Natur der Mann Gisbertinens sein?"

Der junge Mann mußte sich doch bequemen, ausführlicher zu sprechen. Er that es freilich nur in seiner Weise und nachdem er vorher tief aufgeseufzt hatte. Der Seufzer konnte auch seiner Frau und seiner Ehe gelten.

„Nun", sagte er, „seit vier Tagen wohnt drüben allein mit einer Kammerjungfer eine fremde Dame, die sich nur mit einer schwarzen Maske vor dem Gesicht sehen läßt. So sieht man sie freilich häufig genug am Fenster; auch vorhin noch, ehe Du da warst. Seit Deinem Hiersein aber zieht sie sich hinter die Fenstervorhänge zurück, und jetzt ist sie ganz verschwunden."

„Und Du meinst, Bursche", fragte der Domherr, „es sei Gisbertine?"

„Deine Worte brachten mich darauf."

„Wahrhaftig, es sähe ihr ähnlich. Ist sie hübsch? Ich meine das Andere, außer dem Gesicht."

„Ich habe so recht nicht danach gesehen."

„Das sieht wieder Dir ähnlich."

Auf weitere Erörterungen ließ der Domherr, der Mann der raschen Entschlüsse, sich nicht ein.

„Ich muß mich überzeugen", sagte er. „In zehn Minuten bin ich wieder hier. Oder willst Du mich begleiten?"

Der Antrag kam dem jungen Freiherrn unerwartet. Er mußte sich besinnen.

„Nein", sagte er dann doch.

„Du vergibst Dir nichts dadurch, Gisbert."

„Ich weiß es, aber —"

„Aber?"

„Ich habe keine Zeit."

„Du bist ein Narr!"

Damit ging der Domherr.

Gisbert blieb am Fenster stehen und sah auf die Straße hinunter. Der Domherr ging quer über die Straße in das gegenüberliegende Haus. An den Fenstern, der schwarzen Maske war nichts zu sehen. Der junge Freiherr stand in tiefen Gedanken. Er wurde gestört.

Die Thür seines Zimmers hatte sich leise geöffnet; ein leiser, langsamer, zögernder Schritt näherte sich ihm. Er sah sich um.

Seine Aufwärterin, Mamsell Gretchen, stand neben ihm. Sie sah sehr bleich, ängstlich, fast verstört aus.

„Was haben Sie, Gretchen?" mußte er sie fragen.

„Herr Baron, ist es wahr?" sagte sie stockend.

„Was soll wahr sein?"

„Daß Sie sich schlagen wollen? Der Stiefelwichser, sagte es mir so eben."

Der junge Freiherr schien auf einmal tiefer als wohl

sonst in das hübsche und so bleiche und ängstliche Gesicht des sechzehnjährigen Mädchens zu blicken.

„Und er sagte mir auch", fuhr das Mädchen fort, „daß Ihr Gegner der beste Schläger in ganz Göttingen sei, und daß Sie etwas Tüchtiges abbekommen würden, und ich —"

„Und Sie, Gretchen?"

„Ich habe solche Angst für Sie, Herr Baron."

„Gutes Gretchen!" sagte der Freiherr, und er nahm ihre Hand, sah ihr liebevoll in das blasse Gesicht und fuhr fort:

„Sieh mich an, liebes Gretchen. Habe ich Angst?"

Sie sah ihm voll in das Gesicht und ihre Augen wurden ihr feucht und sie sagte:

„Ja, Sie auch! Die Herren Studenten haben niemals Furcht, und da geht es denn auch, wie es geht —"

Drüben wurde heftig das Fenster der schwarzen Maske zugeschlagen.

Der Freiherr und seine Aufwärterin fuhren erschrocken auseinander wie zwei böse Gewissen.

Dann mußten beide unwillkürlich nach dem klirrenden

Durch Gretchen's hübsches Gesicht zog etwas wie ein Triumph.

„Die häßliche Person ist eifersüchtig auf mich!"

Der junge Freiherr stand in einer gewissen zweifelhaften Verlegenheit.

Unten auf der Straße fuhr ein Wagen an dem Hause vor.

Rasche Schritte kamen die Treppe herauf.

Zwei Studenten traten eilig in das Zimmer.

„Bist Du fertig, Aschen?"

„Auf der Stelle!"

Gretchen war wieder bleich geworden.

„Er muß sich doch schlagen!"

Mit dem Seufzer verließ sie das Zimmer.

Der junge Freiherr war in sein Schlafkabinet gegangen und kam angekleidet zurück.

„Gehen wir!"

Sie wollten gehen.

In der Thür begegnete ihnen der Domherr.

Er sah die drei eiligen jungen Männer. Sie sahen erregt aus. Unten war er auf den Wagen gestoßen. Der geistliche Herr war in seinen jungen Jahren selbst

„Und drüben?" fragte der Freiherr.

„Man nehme keine Besuche an. Ich ließ meinen Namen hineinsagen. Man kenne mich nicht."

„So war es auch wohl, Onkel Florens. Bleibst Du lange hier, Onkel?

„Bis morgen."

„So sehen wir uns noch."

„Ich hoffe, trotz Deiner Narrheit."

„Es ist keine Narrheit, Onkel."

„Meinetwegen."

„Adieu, Onkel."

„Adieu!"

Sie hatten mit einander gesprochen, während sie die Treppe hinuntergingen.

Draußen stiegen die drei Studenten in den Wagen, der rasch mit ihnen fortfuhr, nach dem Weender Thore hin.

Der Domherr schaute dem Neffen noch eine Weile nach, warf dann den Blick zu dem Fenster der schwarzen Maske hinauf, sah dort nichts und ging rechts die Straße entlang in die Stadt hinein, indem er für sich sprach:

„Viel Narrheit in der Welt!"

Nachdem der Student Freiherr Gisbert von Aschen mit den andern Studenten und seinem Onkel sich entfernt hatte, kehrte Gretchen, die hübsche Aufwärterin, in das Zimmer zurück, um darin aufzuräumen und zu säubern. Viel Arbeit fand sie nicht. Schien auch der junge westfälische Freiherr zu den bequemen Menschen zu gehören, ein unordentlicher schien er nicht zu sein, nicht einmal ein unordentlicher Student. Das Mädchen war bald fertig, sie war freilich auch flink und lag ohne Unterbrechung der Arbeit ob, wenngleich es ihr nicht leicht werden mochte. Ihr bekümmertes Gesichtchen zeigte, wie schwer ihr das Herz war, und wenn sie den geblumten Schlafrock des Studenten an die Wand hing und die Kissen des Sophas, auf dem er gesessen, wieder zurecht legte, oder die Zeitung, in der er gelesen, zusammenfaltete, man hörte es dem Seufzer ihrer Brust, man sah es ihrem träumerischen Auge an, wie gern sie nur den Träumen ihres Herzens hätte Gehör geben mögen. Aber sie durfte es nicht; sie hatte noch in andern Studentenzimmern aufzuräumen und ihre Mutter mochte wohl nicht zu den geduldigen Müttern gehören. An dem Fenster mußte sie doch ein paar Augenblicke stehen bleiben. Der junge Baron hatte sie dort „liebes Gretchen" und Du genannt, und sie hatte ihm in das Gesicht sehen müssen, und er hatte sie so innig wieder angeblickt und ihr die Hand gegeben, und über das Alles waren ihr die Thränen in die Augen getreten, und sie hatte sich doch so glücklich gefühlt und dann so triumphirend zu der eifersüchtigen schwarzen Maske hinüberschauen können. Nach der schwarzen Maske mußte sie wieder hinüberblicken. Sie sah sie nicht; das Fenster drüben war verschlossen und nichts dahinter zu sehen.

Aber hinter dem Mädchen öffnete sich leise die Thür, und als Gretchen sich umwandte, stand die schwarze Maske vor ihr.

Die Aufwärterin erschrak heftig.

Die schwarze Maske aber war eine zierliche, reizende, schlanke, reich gekleidete Frauengestalt von vornehmer, stolzer Haltung.

Sie war an der Thür stehen geblieben. Man gewahrte trotz der Larve, wie sie in dem Gemache nach allen Seiten sich umsah. Dann erst schien sie von dem erschrockenen Mädchen Notiz zu nehmen. Sie trat rasch auf dasselbe zu.

„Wie heißt der Student, der dieses Zimmer bewohnt?"

Der Ton ihrer Stimme war befehlend.

Er schüchterte die Aufwärterin noch mehr ein. Es wurde ihr unheimlich bei der Fremden, deren Gesicht sie nicht sah, die mit der raschen, heftigen Bewegung dicht an sie herangetreten war; sie glaubte zu fühlen, wie sie

„Wie lange wohnt er hier?"

„Seit Michaelis vorigen Jahres."

„Immer in diesem Quartier?"

„Ja."

„Und Sie war immer seine Aufwärterin?"

„Gewiß", antwortete Gretchen, als ob sich das von selbst verstehe.

Die Fremde machte, wie unwillkürlich, eine Bewegung.

„Wohin fuhr der Baron vorhin?" fragte sie dann.

Gretchen hatte begonnen sich von ihrem ersten Schreck zu erholen. Die Frage der Dame betraf zudem ein Geheimniß des Studenten.

„Der Herr Baron hat es mir nicht gesagt", antwortete sie.

„Aber Sie weiß es dennoch; ich sehe es Ihr an!" rief die Maske.

Sie rief es heftiger, gebieterischer.

Die Aufwärterin faßte sich ganz. Was hatte die Fremde ihr zu befehlen?

„Und wenn ich es wüßte", sagte sie, „was für ein Recht hätten Sie, mich danach zu fragen?"

„Was für ein Recht?" fuhr die Fremde auf.

Aber sie besann sich.

„Der Herr von Aschen duellirt sich?" fragte sie.

Die Aufwärterin antwortete nicht.

„Sagen Sie es mir", bat die Fremde.

Ihre Stimme schien zu zittern.

„Ich glaube es", antwortete Gretchen, und auch ihre Stimme zitterte.

Die Fremde wollte wohl wieder auffahren. Wie konnte eine Aufwärterin sich herausnehmen, für den Freiherrn, für den Mann zu zittern, für den ihr Herz bebte? Sie mäßigte sich.

„Wissen Sie Näheres über das Duell?" fragte sie.

„Gar nichts", war die Antwort. „Ich habe es nur errathen wie Sie."

„Wie Sie!" Die Fremde mußte sich noch einmal zusammennehmen.

„Hat dieses Haus einen Eingang auf der Rückseite?" fragte sie.

„Nein."

Dann wollte sie gehen.

Aber Gretchen hatte noch eine Frage an sie.

„Darf ich dem Herrn Baron sagen, daß die Dame hier war?"

„Meinetwegen!"

Die Dame ging.

An demselben Tage saß an der Mittagstafel des Gasthofs zum König von England in Göttingen eine große Gesellschaft. Es war freilich nur die gewöhnliche Tischgesellschaft des damals ersten und besuchtesten Gasthofs der berühmten Universitätsstadt. Sie bestand aus Reisenden, höhern Beamten der Stadt und Studirenden. Von Studenten konnten aber nur die reichern den Mittagstisch des theuren Gasthofs „erschwingen".

Eine Gruppe von Studirenden saß an einem Ende der Tafel beisammen. Es waren junge Männer, die zwar von mannichfach verschiedenem Alter waren — einige zählten vielleicht kaum achtzehn Jahre, während andere schon vier- oder fünfundzwanzig zurückgelegt haben konnten — aber allen war ein gewisses klares und sicheres Selbstbewußtsein gemeinsam, und dieses Selbstbewußtsein war nicht das gewöhnliche studentische. Sie hatten auch wohl den andern Grund, auf dem es beruhte, mit einander gemein. Und dieser war?

Sie tranken aus grünen Römern goldenen Rheinwein.

„Heute vor'm Jahre!" stießen sie an. „Der achtzehnte Juni und die Landwehr!"

„Möge all das edle Blut, das damals vergossen wurde, nicht umsonst geflossen sein!"

„Nicht umsonst für Deutschlands Ehre!"

umsonst für Deutschlands Einheit!"

„Und vor allem nicht umsonst für des deutschen Volkes Freiheit!"

Einer der jüngsten von ihnen rief es.

Seine Brust zierte das eiserne Kreuz.

Auch noch andere unter ihnen trugen dieses Zeichen des in den Freiheitskriegen vor dem Feinde bewiesenen Muthes.

Alle waren sie Kämpfer aus diesen Kriegen; ihre Studien hatten sie in Göttingen wieder zusammengeführt.

Sie feierten den Jahrestag der Schlacht von Waterloo oder Belle=Alliance. Sie feierten ihn als Landwehrmänner, die an jenem Tage mitgekämpft hatten.

Ihre Toaste waren an andern Stellen der Tafel aufgefallen. Die Beamten steckten die Köpfe zusammen.

Als von der Freiheit des deutschen Volkes die Rede war, blickte einer der Reisenden sich scheu um, als wenn er den sehen wolle, der es gewagt habe, einen solchen Toast auszubringen.

Der Wirth trat zu den Studenten.

„Meine Herren", sagte er leise, „erlauben Sie, daß ich Sie warne."

„Warnen? Wovor?"

„Sie haben doch schon von Demagogenfängern gehört?"

„Teufel, ja! Sie werden von Berlin aus in die Welt geschickt."

„Besonders zu den deutschen Universitäten."

„Richtig! Und wenn ich nicht irre, sitzt einer von ihnen hier am Tische, dort zwischen den Reisenden; der kleine graue Mann im braunen Rock. Er kam gestern Abend an; sein scheues, spionirendes Wesen fiel mir gleich auf, und wir Gastwirthe haben Erfahrung in solchen Dingen."

„Aber warnen?" rief der junge Mann, der den Toast auf die Freiheit des deutschen Volkes ausgebracht hatte. „Wären wir denn schon so weit gekommen, daß wir von dem nicht mehr sprechen dürfen, wofür wir gekämpft haben? Schon nach Jahr und Tag nicht mehr?"

„Wir werden nach Jahr und Tag noch weiter gekommen sein", sagte ein Aelterer der Gruppe.

„Macht mir den Wein nicht zu Gift, den Tag nicht zum Fluch!" rief der junge Mann. „Den heiligen Tag, an dem wir bluteten, an dem unser Blut, unser Leben uns nichts war gegenüber der heiligen Sache der Freiheit, der Freiheit des deutschen Volkes. Ich lag an dem Tage auf den Tod; am zweiten Tage vorher schon hatten drei Kugeln mir die Rippen, die Schultern zerschossen; sie hätten mich für todt auf dem Schlachtfelde

seinem zerschmetterten Beine neben mir gelegen hätte.
Als sie den herausholten, da rief er: „Zuerst den da
und dann mich!" Und sie mußten zuerst mich unter den
Todten hervorziehen — der brave Mahlberg selbst hatte sich
nicht bis zu mir hinarbeiten können — dann erst durften
sie ihn aufnehmen. Wir blieben aber beisammen, und
wie er mich gerettet hatte, als sei ich sein Kind, so
pflegte er mich wie sein Kind, und als ich am Abend
des zweiten Tages nachher zum ersten Male wieder die
Augen aufschlug, da waren die ersten Worte, die ich aus
seinem Munde vernahm: „Junge, Vigny ist wieder gut
gemacht. Die Franzosen sind heute geschlagen. Die
ganze Armee ist mit ihrem Kaiser in wilder Flucht auf
Paris zu; der alte Blücher verfolgt sie. Deutschland ist
frei. Von heute an schreibt sich die Freiheit unseres
deutschen Volkes!" Und seht, da weinten wir beide auf
unserm Strohlager und wir weinten helle Freudenthrä-
nen, obgleich unsere Wunden schmerzten und brannten,
daß wir die Zähne zusammenbeißen mußten. Und heute,
ein Jahr, erst ein Jahr später, sollte ich nicht einmal
mehr davon sprechen dürfen, sollte ich Thränen des Zor-
nes weinen müssen? Sollte ich dem braven Mahlberg
— o, er war schon zwei Tage vorher bei Ligny der
Tapferste der Compagnie gewesen; sein Muth hatte ihn
in die Gefangenschaft geführt; durch Wunder der Tapfer-

leit hatte er sich wieder befreit — o, sollte ich ihm fluchen müssen, daß er mir das Leben erhielt? Nein, nein, du treuer, du edler Mann, du —"

Der Jüngling stockte plötzlich. Seine Augen starrten nach der Thür des Saals, der er gegenüber saß; er wurde schneeweiß im Gesichte, wieder glühend roth. Er sprang auf, nach der Thür hin, er breitete seine Arme aus, er lag in den Armen eines Fremden, der so eben eingetreten war.

„Mahlberg!" rief er.

„Franz, mein lieber Franz!" schloß ihn der Fremde in seine Arme.

Der Jüngling weinte und schluchzte krampfhaft und laut durch die tiefe Stille, welche plötzlich in dem Saale herrschte.

„Beruhige Dich, Franz!" sagte der Fremde wie ein Vater zu seinem Kinde. „Komm zu Dir!"

Aber es dauerte lange, ehe der Jüngling Herr über sein Weinen werden konnte.

Dann nahm er die Hand des Fremden und führte ihn an den Tisch zu seinen Freunden.

„Mahlberg!" sagte er dort nur, kein Wort weiter.

Sie wußten ja nun alle, wer er war.

Und sie standen alle auf und verneigten sich vor dem Fremden und zeigten ihm so, daß der

Name ihnen bekannt sei und wie sehr sie ihn ehrten.

Der Fremde war ein Mann in der ersten Hälfte der dreißiger Jahre. Sein Gesicht hatte edle Züge, aber es lag ein tiefer Ernst auf ihnen, und es war, als ob dieser in schweren Seelenleiden seinen Grund habe, deren Herrschaft und Ausdruck von der Kraft des Geistes und des Willens des starken, tüchtigen Mannes zurückgebrängt werde.

Er ging lahm, aber er bedurfte keiner Krücke und keines Stockes; er zog nur den einen Fuß nach, der ihm in der Schlacht bei Ligny zerschossen worden war; er konnte fest und sicher auf ihn treten.

Er fand an dem Tische manchen Kriegskameraden. Hatte er auch die meisten von ihnen noch gar nicht, andere nur flüchtig gesehen — sie hatten bei verschiedenen Regimentern, meist gar bei verschiedenen Corps gestanden — die kameradschaftliche Begrüßung fand sich doch von selbst und auch an gemeinsamen Erinnerungen aus dem gemeinsamen Kriegsleben fehlte es nicht. Die Unterhaltung wurde bald wieder lebhaft, trotz jenes Ernstes des Hauptmanns Mahlberg und trotz der Schweigsamkeit seines jungen Freundes, der ihn den Andern zugeführt hatte.

Dem Ende des Tisches, an dem die Gruppe der

Studenten die Erinnerung an ihre Kriegszeit feierte, hatten sich von einer andern Seite der Tafel mehrere Studirende genaht, die zu jenem Kreise nicht zu gehören schienen. Sie hatten nicht einmal so recht das frische studentische Aussehen; langes, flatterndes Haar, graue Gesichtsfarbe, hohle Augen, schwarze deutsche Röcke zeichneten sie aus.

„Brüder, Ihr feiert die Einheit des deutschen Vaterlandes", sagten sie, „da dürfen wir dabei sein."

„Es sind Burschenschafter!" sprachen einzelne der Andern unter sich.

Die Burschenschaft wurde damals bei ihrem ersten Entstehen und noch lange Zeit nachher von der Mehrzahl der Studirenden, die nicht zu ihr gehörte, mit einem gewissen Mißtrauen angesehen. Sie war mit großer Heimlichkeit gegründet; sie hielt ihren eigentlichen Zweck fortwährend im Dunkeln; was sie laut verkündete, war das Streben, eine das ganze Studentenleben umstürzende studentische Ascetik einzuführen; das war den Andern Phantasterei. Dazu kam, daß die Hauptpersonen der Burschenschaft sich in der That durch ein phantastisches Wesen hervorthaten, in ihrem Aeußern, in ihren Reden, in ihrem ganzen Auftreten.

Phantastereien halten nicht lange vor und Phantasten

harren nicht lange aus; da wird bald ein Umschlag folgen! sagte der realistische Burschensinn.

Wie sehr er, wenigstens im Einzelnen, Recht hatte, zeigte sich schon wenige Jahre nachher.

Die Burschenschafter wurden trotz jener Bemerkungen am Tische aufgenommen.

Sie griffen den frühern Gegenstand der Unterhaltung wieder auf.

„Ja, theure Brüder", nahm einer von ihnen das Wort — Lautermann war sein Name; er war lang und blaß, sein Blick still und doch etwas unheimlich — „ja, meine theuren Brüder, Ihr habt nicht umsonst gekämpft für das große und einige Deutschland. Es wird werden, wofür Ihr Euer Blut vergossen habt. Es wird freilich noch manchen Kampfes bedürfen. Und da werden wir an Eurer Seite stehen, wir Jüngern, denen es nicht vergönnt war, an dem Kampfe gegen den französischen Erbfeind Theil zu nehmen. Denn wir haben noch einen andern Erbfeind, der niedergeschlagen werden muß, wenn Deutschland einig und frei werden soll, und der ist in Deutschland selbst. Jene zwei und dreißig Fürsten —."

Der Student wurde in seiner emphatischen Rede unterbrochen.

„Freund Lautermann, sehen Sie sich einmal dort

nach links um", stieß ihn einer der Nichtburschenschafter an.

„Was soll ich da sehen?"

„Einen kleinen braunen Mann mit einem grauen Spitzbubengesichte."

„Und was geht er mich an?"

„Er ist ein Demagogenfänger und schaut hierher, als ob er gerade im Begriff stehe, einen recht tüchtigen Fang zu thun."

Der Student Pantermann schwieg.

Aber einer seiner Begleiter glaubte das Wort nehmen zu müssen, ein kleiner, sehr wohlgenährter Jüngling, dessen sonderbar glänzendes Gesicht von langen schwarzen Haaren so umwallt war, daß man fast nur seinen sonderbaren Glanz sah.

„Ha", rief der, „werden wir die elenden, feigen, spionirenden Häscher fürchten, die man gegen uns aussendet? Wir kämpfen für eine große Sache; wir wollen dafür kämpfen. Und durch Spionage unterdrückt man einen solchen Kampf nicht, wie man die große Sache eines großen Volkes dadurch nicht unterdrückt. Mögen sie kommen, unsere Verfolger. Mögen sie uns niederwerfen, mögen sie uns auf die Scheiterhaufen werfen; mit dem Blute eines jeden einzelnen von uns werden tausend Rächer erstehen. Ja, Rache und Freiheit! Frei.

fromm, furchtlos, das ist unser Wahlspruch. Ihn wollen wir —"

Auch er wurde von dem Nichtburschenschafter unterbrochen.

„Edler kleiner deutscher Jüngling Bahn, wollen Sie nicht Ihre Worte und Ihren Muth für die Kneipe heute Abend aufsparen? Die Philister dort möchten sonst über uns kommen."

„Ha, diese Philister!"

Mehr sprach denn auch der kleine deutsche Jüngling Bahn nicht.

Der junge Student — Franz Horst hieß er — hatte unterdeß so sonderbar still dabei gesessen.

„Franz Daniel" — es war sein Studentenname — „Du siehst ja so selig aus wie eine Geliebte, die plötzlich den Geliebten wiedergefunden hat; Du kannst nur schauen und hören, und in seinem Anschauen verlierst Du Dich und seine Stimme bezaubert Dich."

„Ja", sagte der Jüngling, „findet Ihr einmal den Mann wieder, der Euch so das Leben gerettet hat!"

Und er saß wieder still da mit dem seligen Gesichte und seine Augen hingen wie trunken an dem Freunde und sein Ohr lauschte nur den Worten desselben.

Den Hauptmann aber hatte die Bemerkung des

Andern gegen den jungen Mann ernster gemacht. Er suchte das Gespräch auf Anderes zu bringen.

„Gisbert von Aschen ist doch noch hier?" fragte er seinen jungen Freund.

„Gewiß."

„Er speist nicht mit Dir? Ihr wart befreundet!"

„Er lebt hier sehr eingezogen. Ich sehe ihn selten."

„Er ist", setzte ein Anderer der Gesellschaft hinzu, „ein Sonderling, den überhaupt Niemand sieht. Er hockt den ganzen Tag in seiner Stube und geht nur aus, um ein paar Geschichtscollegien zu besuchen. Heute —"

Der Sprechende wurde von seinem Nachbar angestoßen und fuhr nicht fort.

„O", sagte er selbst, als wenn auch ihm klar geworden sei, daß er zuviel habe sagen wollen.

Er warf den Blick nach einer andern Seite der Tafel. Ein Göttinger Polizeibeamter saß dort, und zu diesem hatte sich der Reisende gefunden, der vorhin als Berliner Demagogenfänger bezeichnet war. Der kleine, graue, häßliche Mann schien jedes Gesicht in der Gruppe der Studenten sich tief in das Gedächtniß prägen und jedes ihrer Worte verschlingen zu wollen.

So sah ihn der Student, der unterbrochen war, und er sprach ruhig und laut, daß es in dem ganzen Saale zu hören war:

„Man muß dem König von England sagen, daß er keine Spione mehr bei sich aufnimmt!"

Das graue Gesicht des Demagogenfängers sah aus, als wolle es Gift ausspeien.

Die Studenten aber erhoben sich und verließen den Saal.

„Der Franz Daniel", sagte draußen einer, „muß heute Nachmittag mit seinem Hauptmann allein bleiben. Sie haben sich beide genug zu sagen. Aber wo treffen wir uns alle zum Abend wieder?"

„Auf dem Ullrich!" wurde vorgeschlagen.

„Auf dem Ullrich!" gingen sie einverstanden auseinander.

Der Hauptmann Mahlberg und Franz Horst waren allein.

„Heute Nachmittag gehörst Du mir", sagte Franz zu dem Hauptmann. „Fahren wir hinter den Hainberg. Ich kenne dort eine einsame Waldschenke. Wir sind allein da."

„Führst Du mich nicht vorher zu Aschen?" erwiderte der Hauptmann.

„Ah, zu ihm zieht es Dich mehr als zu mir?"

„Ich habe mit ihm zu sprechen, nothwendig."

„Er ist nicht hier. Vor dem Abend triffst Du ihn nicht."

„Ist er verreist?"

„Ich erzähle Dir unterwegs von ihm. Fahren wir."

Der Hauptmann willigte ein. Er schien es nicht gern zu thun.

Chaisen für die kleinen Ausflüge der Studenten stehen in Göttingen jederzeit zu Hunderten bereit. Sie fanden bald eine. Sie fuhren zu der einsamen Waldschenke.

Und unterwegs erzählten sie einander; sie hatten sich soviel zu erzählen.

„Was ist es mit Aschen?" war doch die erste Frage des Hauptmanns.

„Er duellirt sich. Man konnte es Dir bei Tische nicht sagen."

„Und Du secundirst dem alten Kameraden nicht, Franz? Bist nicht einmal dabei?"

„Ich erfuhr es erst bei Tische, nachdem er seit drei Stunden fort war."

„Und warum erfuhrst Du es nicht früher?"

„Fragen wir nachher Aschen selbst. Aber vielleicht weiß er es selbst nicht einmal. Solche Sonderlinge wissen von sich am wenigsten."

„Aschen ist ein Ehrenmann, Franz!"

„Der bravste von der Welt. Ich kenne neben Euch beiden keinen dritten und nächst Dir liebe ich keinen

wie ihn. Er war Dein Vertrauter; ich war nicht eifer=
süchtig auf ihn, ich war freilich ein Knabe. Du sprichst
heute nur von ihm; ich sehne mich nach der Stunde, in
der ich Dich zu ihm führen kann."

„Ich habe dringend mit ihm zu sprechen", sagte der
Hauptmann Mahlberg. „Sehr dringend!"

Er sprach die Worte sehr ernst, fast finster.

So sah er auch vor sich hin. Dann schien er einen
Entschluß gefaßt zu haben.

„Ja, Franz", sagte er, „Aschen war, ist mein Ver=
trauter. Du warst damals ein Kind, und was wir
beide auf dem Herzen hatten, war nicht für Kinder.
Du bist jetzt, wie jung Du auch noch bist, ein Mann,
und wenn Du etwas auf dem Herzen hättest, würdest
Du es mir anvertrauen?"

„Ich müßte es, Mahlberg."

„So ist es auch mir, Du braver Freund. Aber es
ist ein schweres Leid, was ich Dir mitzutheilen habe.
Ich muß mich vorher sammeln. Erzähle mir zuerst von
Aschen, von seinem Duell, wenn Du davon weißt."

„Ich weiß davon. Die Studentenduelle sind eben
keine großen Geheimnisse. Du wirst es noch aus Deiner
Zeit wissen. Das Duell Aschen's zeigt ihn wieder ganz
als den braven Sonderling. Göttingen hat einen großen
Renommisten, wie jede Universität ihn zu jeder Zeit hat.

Er ist zugleich der beste Schläger auf der Universität; darum eben ist er der große Renommist. Darum wird er aber auch von der Menge gefürchtet und kann sich manche Ungezogenheiten erlauben. Andererseits studirt hier ein armer Theolog, der von einem magern Stipendium kümmerlich leben muß. Erste Bedingung dieses Stipendiums ist, daß es ihm verloren geht, wenn er sich duellirt. Der arme Theolog kommt nun gestern zufällig in eine Gesellschaft, in welcher auch der große Renommist ist. Dieser macht sich an jenen. Der Theolog — er ist Preuße wie wir — hat die Feldzüge mitgemacht in der Landwehr; er wurde Offizier. Er geht hier wie manche Andere, die nicht das Geld zu einem zweiten guten Rocke haben, zuweilen in seiner alten Offiziersuniform. Sie trug er auch in jener Gesellschaft. Dem Renommisten mochte sie ein Dorn im Auge sein, ein Vorwurf, daß er, der kräftige Großsprecher, zudem älter als der kleine und stille arme Theolog, keinem Feinde gegenübergestanden hatte. Er macht sich an den Theologen; er befühlt den Uniformrock; er will Witze darüber machen. Der stille Theolog in seiner gedrückten Lage hat nur ein Mittel: er entfernt sich, um weitern Reden zu entgehen, die ihn zu einem Duell hätten herausfordern müssen. Diese Geschichte erfährt gestern Abend zufällig ihn vielleicht niemals gesehen, zum erſten Mal von ihm gehört. Er begibt ſich ſofort zu dem Renommiſten und fordert ihn. Heute Vormittag um zehn ſind ſie zu dem Duell aus der Stadt gefahren. Wohin, iſt nicht bekannt geworden. So erfuhr ich die Geſchichte bei Tiſche. In dieſem Augenblicke werden ſie ſich ſchon geſchlagen haben. Ich fürchte, für Aſchen wird es nicht gut abgelaufen ſein. Sein Gegner iſt der ausgezeichnetſte Schläger, und er hat nie ein Rappier in die Hand genommen. Ich führe meinen Säbel und kann zur Noth ſchießen, und ein Renommiſt will ich nicht werden — ſo pflegte er zu ſagen, wenn man ihn zum Fechtboden mitnehmen wollte. Zum Glück geben dieſe Studentenduelle nur Schrammen.

„Hoffen wir es auch hier", ſagte Mahlberg.

Der ernſte Mann hatte ſich unterdeß geſammelt und er begann von ſelbſt:

„Jetzt von mir, Franz. Es iſt Anderes, Schwereres, als worüber wir ſprachen. Auch Aſchen hat wohl Schwereres auf dem Herzen, als was er heute bei dem Studentenduelle ausſicht; aber es geht ihm nur an das Herz. Nur an das Herz? fragt mich Dein Blick. Höre mir zu; das, was ich Dir von mir zu ſagen habe, trifft zugleich das Herz und die Ehre, trifft beide vernichtend. Du ſiehſt, wie ich Dich liebe, daß ich es Dir erzählen kann.

Ich arbeitete als junger Assessor bei der Regierung in Breslau. Ich lernte dort die Tochter eines Regierungssecretärs kennen, Agathe Fahrner. Ich hielt sie für einen Engel, sie war es; ja, sie war es dennoch. Wir liebten, wir verlobten uns. Sie wurde meine Frau, als ich Regierungsrath wurde. Wir lebten glücklich. Bald darauf brach der Krieg los. Ich folgte dem Rufe des Königs unter die Fahnen. Um mich zu belohnen, wurde ich, während ich im Felde war, mit erhöhtem Gehalte an die Regierung von Minden versetzt. In der Schlacht bei Leipzig hatte ich eine Wunde erhalten, die mich auf mehrere Wochen kampfunfähig machte. Es wurde mir daher ein Urlaub bewilligt, meine neue Stelle anzutreten. Gleichzeitig brachte ich meine Frau nach Minden. In Breslau war sie allein; ihr Vater war von da versetzt worden. In Minden hatte ich einen treu bewährten Freund, dem ich sie anvertrauen durfte.

So meinte ich.

Ich kehrte zur Armee zurück. Wir hatten bald wieder schwere Kämpfe zu bestehen drüben in Frankreich. Mit meiner Frau konnte ich einen regelmäßigen Briefwechsel unterhalten. Ihre Briefe waren die liebevollsten. Sie wurden nach einiger Zeit sogar so sonderbar liebevoll; sie hatten den Ton einer Ueberschwänglichkeit, die ihrem einfachen, klaren Wesen bisher ganz fremd gewesen war und die deshalb um so mehr mich ängstigte. Ich schrieb ihr das zuletzt, und ich hatte ihren letzten Brief erhalten — die paar Zeilen, die sie mir später noch schrieb, waren kein Brief mehr. Ihr Schweigen war mir unerklärlich; meine Bemerkung hatte es nicht hervorrufen, hatte sie kaum verletzen können. Ich mußte es eben mit jener Ueberschwänglichkeit in Verbindung bringen. Meine Angst verdoppelte sich. Ich schrieb an den Regierungsrath von Schilden — so hieß mein Freund, dem ich sie anvertraut hatte. Ich mußte zum zweiten Male an ihn schreiben, ehe ich auch von ihm eine Antwort erhielt. Seine Antwort war dann, meine Frau sei verschwunden; er wisse weder wohin, noch warum. Sie sei schon seit längerer Zeit traurig, verstimmt, melancholisch gewesen, habe sich in ihrem Zimmer eingeschlossen, Niemand sehen wollen. Auch seine Besuche habe sie nur selten angenommen; seinen Tröstungen sei sie unzugänglich gewesen; was ihr fehle, habe sie ihm nie sagen wollen. Plötzlich, vor vier Wochen, sei sie verschwunden, und es habe ihm nicht gelingen wollen, irgend eine Spur von ihr zu entdecken. Weil er dies gehofft, habe er mir nicht sofort auf meinen ersten Brief geantwortet. Jetzt dürfe er mir die traurige Wahrheit nicht länger vorenthalten. Er fürchte, ihre unbegreifliche Melancholie sei zu einer förmlichen Krankheit ihres Gemüths geworden und habe die Kranke zum Selbstmorde getrieben.

Soll ich Dir noch sagen, wie furchtbar mich jedes Wort dieses entsetzlichen Briefes traf? Was war es mit der Frau, die ich so innig liebte, die mir das treueste Weib gewesen war? Was hatte sie so traurig machen, was hatte ihre Melancholie bis zu solcher Krankheit steigern können? Aber war es denn so, wie der Freund mir schrieb? Konnte ich andererseits seine Mittheilung bezweifeln? War denn nicht Schilden mein ältester, mein treuester Freund, auf dessen bewährte Liebe und Freundschaft ich Häuser bauen durfte? Ich kannte ihn vom Gymnasium her; wir hatten zusammen die Universität besucht, zusammen unser Examen gemacht. Dann freilich waren wir aus einander gekommen, und erst in Minden hatten wir uns wieder getroffen. Aber er hatte mir ja immer nur das freundschaftlichste und offenste Herz gezeigt und selbst seine Fehler nicht vor mir verborgen, und ich hatte eigentlich nur einen Fehler an ihm erkannt, den eines, wie ich meinte, zu weit getriebenen Ehrgeizes. Was konnte ihn veranlassen, mir über meine Frau die Unwahrheit zu schreiben? Und was hätte es Anderes sein können, als was er mir schrieb? Was aber war es denn eigentlich, was er schrieb?

Ich konnte es nur an Ort und Stelle erfahren.

Wir rückten am 31. März vorigen Jahres in Paris ein. Drei Wochen später flog ich nach Minden. Schilden war nicht da; er war auf einer Dienstreise begriffen. Ich erkundigte mich in dem Hause, in dem meine Frau gewohnt hatte, bei meinen andern wenigen Bekannten in Minden. Ich erhielt die Bestätigung der Nachrichten, die mir Schilden mitgetheilt hatte; weiter nichts; meine Frau hatte eben seit Monaten vor ihrem Verschwinden keinen Menschen gesprochen, es hatte kein Mensch sie gesehen. Schilden hatte mir also auch die Wahrheit geschrieben. Hatte er? Ich mußte ihn dennoch selbst sprechen. Ich reiste ihm nach; es dauerte lange, bis ich ihn fand. Er bearbeitete die Steuer- und Zollpartie bei der Regierung; da mußte er die Grenzen der halben Provinz Westfalen bereisen. Endlich traf ich ihn. Aber er hatte mir Alles geschrieben, was er wußte. Ein paar Einzelnheiten konnte er noch beifügen; sie waren unbedeutend; sie gaben mir kein klareres Licht, keine weitere Spur. Er sprach mit seiner alten, treuen, freundschaftlichen Offenheit; er nahm einen so innigen Antheil an meinem Schmerz.

Er war dennoch ein Verräther, der gemeinste, niederträchtigste Verräther!

Ich mußte zur Armee nach Frankreich zurückkehren. Erst im Juni, nachdem der Pariser Friede geschlossen war, konnten wir wieder nach Deutschland marschiren.

Ich trat meine Regierungsrathsstelle in Minden an, und vierzehn Tage später erhielt ich einen Brief von meiner Frau.

Er war aus dem kleinen westfälischen Städtchen Warendorf geschrieben. Er enthielt nur wenige Worte; ich weiß sie auswendig.

„Ich darf Dich nie wiedersehen; ich bin Deiner nicht mehr würdig. Ich wurde das Opfer des elendesten Verraths, der schmachvollsten Verführung. Ich konnte Dir nicht früher auf eine Weise schreiben, daß der Brief sicher in Deine Hände kam. Erst jetzt erfuhr ich Deine Rückkehr nach Minden; ich erfülle sofort die Pflicht der Wahrheit gegen Dich. Du wirst, Du kannst mich nicht aufsuchen wollen. Aber es wäre möglich — wer kann die Schicksale der Menschen vorher wissen? — daß Du einmal meiner bedürftest, dann erfrage mich bei dem Postmeister Feldmann in Warendorf.

Agathe."

Wer war der elende Verräther, der schändliche Verführer? Von meiner Frau durfte ich es nicht erfahren. Sie hatte Recht; ich durfte, ich konnte sie nie wiedersehen, nie wieder mit ihr in irgend eine Verbindung treten, ich möchte denn vorher ihre völlige Schuldlosigkeit ermittelt haben. Aber konnte sie schuldlos sein? Ist überhaupt eine Frau schuldlos, die sich verführen läßt? Und sie, sie hatte ihren Mann in täglicher, steter Lebensgefahr, sie hatte ihn im Kampfe für die heiligste Sache gewußt; sie hatte mir Briefe der zärtlichsten, der heiligsten Liebe geschrieben und doch und bei dem Allem mich verrathen, die Treue des Weibes gebrochen, die Ehre ihres Mannes geschändet!

Und wer der Verräther, der Verführer war?

Ich suchte noch einmal den Regierungsrath von Schilden auf.

Er war wieder auf einer Dienstreise.

Er war Chef des Grenzzollwesens für den Regierungsbezirk geworden und stand im Begriff, die Zollwache an den Grenzen neu zu organisiren, die unter seinem Vorgänger vernachlässigt worden war. Er konnte sich dadurch neue Verdienste, baldige Weiterbeförderung erwerben.

Ich traf ihn an der hannoverschen Grenze in dem Flecken Rahden. Ein Ministerialrath aus Berlin machte gemeinschaftlich mit ihm die Reise; mehrere andere Beamte waren mit ihnen.

Es war Abend, als ich in dem Städtchen eintraf und in dem einzigen Gasthofe abstieg. Ich erfuhr, daß die

Herren, seit einer halben Stunde von einer Inspection zurückgekehrt, sich so eben unten im Gastzimmer zur Abendtafel gesetzt hatten.

Ich begab mich in das Gastzimmer. Ich trat ein während einer lebhaften Unterhaltung.

War mein ältester und treuester Freund der Verräther, der Verführer meines Weibes?

Er hatte mit jener Sicherheit und Klarheit mir den Brief über ihre unbegreifliche Flucht schreiben, er hatte dann, vor noch wenigen Wochen, mit jener wahren Freundestheilnahme seinen Brief mir bestätigen können — mußte er nicht der elendeste Schurke und vollendetste Heuchler sein, wenn er der Verräther und Verführer war? Aber hätte auch ein Anderer als der verworfenste Bösewicht und schamloseste Heuchler so den Freund verrathen, ein armes Weib zu seinem Opfer machen können?

Ich mußte ihm in einer Weise begegnen, daß er nicht noch einmal seine Künste der Heuchelei gegen mich versuchen konnte.

Ich trat von ihm unbemerkt in das Zimmer.

Er führte das lebhafte Gespräch, das ich vor der Thür vernommen hatte. Er war dessen Mittelpunkt. Er saß neben dem Berliner Geheimrathe; er setzte diesem und den andern Beamten etwas auseinander. Sie hörten ihm mit dem Ausdrucke gespannter Aufmerksamkeit, ungetheilten Beifalls zu. Jeder Zug seines Gesichts zeigte, wie ihm das schmeichelte, wie es ihn beglückte.

So hatte er auf nichts Anderes geachtet, meine Auskunft nicht gewahrt.

Er saß zur Linken des Ministerialraths und sprach nach diesem hingewandt.

Ich suchte mir an der Tafel einen Platz aus, daß ich ihm schräg links gegenübersaß. Sowie er den Kopf wandte, mußte er mich sehen.

Es dauerte lange, ehe er sich wandte.

Ich hielt ihn fest im Auge. Sowie er mich sah, sollte er auch meinem still und fest nur auf ihn gerichteten Blick begegnen.

Er war so glücklich, so sorg-, so ahnungslos. War es denn möglich, daß er der Schurke, der Heuchler war? Die langen Jahre unserer treusten, offensten Freundschaft traten wieder vor mich, sein reicher, klarer Geist, sein Herz, das ich nur als edel, als hingebend erkannt hatte. Er hatte freilich immer den unbändigen Ehrgeiz besessen; aber muß der Ehrgeiz ehrlos machen?

Er wandte sich um, schnell, plötzlich. Ein Beamter, der mein zweiter Nachbar war, hatte eine Frage an ihn gerichtet; er mußte auf die Frage antworten; sein Blick mußte mich streifen, mich treffen.

Er traf mich. Unsere Augen begegneten einander. Ich saß ruhig, unbeweglich da, die Lippen zusammengepreßt; mein Gesicht mochte bleich genug sein; so sah ich ihn an, stumm, regungslos, mit dem festen, finstern Blicke, der seine Augen bis auf den Grund durchbohren, durch sie in die tiefste Tiefe seines Innern dringen, darin den Verrath, die Tücke, die Niederträchtigkeit, die Gemeinheit aufsuchen wollte.

Er wurde weiß wie die Wachskerze, die vor ihm stand; seine Augen flogen, wie von einem blendenden Blitze getroffen, zu Boden, suchten dann irr umher, nur nach mir nicht; seine Stimme versagte ihm den Dienst.

Die Andern sahen ihn verwundert, erschreckt an. Sie sahen von ihm auf mich.

Sie mochten über meinen Anblick noch mehr erschrecken. Ich war wie ein unheimliches Nachtgespenst unter ihnen.

Ich erhob mich langsam und verließ schweigend den Saal. Ich sah mich nach keinem von ihnen mehr um.

So begab ich mich auf mein Zimmer.

Was nun weiter?

Der Elende war der Verräther, der Heuchler. Der Heuchler war er vielleicht schon immer gewesen. Nur die stärksten, die edelsten Charaktere können der Unwahrheit widerstehen, mit welcher Ehrgeiz nur zu gern sich

umgibt. Der Weg der Unwahrheit ist der zur Ehr-
losigkeit.

Aber was nun weiter mit ihm?

Er hatte mein braves Weib verdorben, meine Ehre
vernichtet.

Mein erster Gedanke war sein Blut.

Ich mußte lange mit mir kämpfen, um zu der Ein-
sicht zu gelangen, daß Rache nie die Genugthuung eines
Mannes sein dürfe, dem die innere Ehre durch keinen
äußern Angriff verletzt werden kann.

Ich vermochte auf jede Rache zu verzichten; es war
ein schwerer Sieg, den ich über mich gewann.

Ich wartete in meinem Zimmer, bis unten das
Nachtessen zu Ende war, bis ich einzelne der Herren
heraufkommen und in ihre Zimmer gehen hörte. Dann
schickte ich den Kellner zu Schilden und ließ ihn bitten,
zu mir zu kommen. Ich war begierig, ob er kommen
werde; kam er nicht, so wollte ich zu ihm gehen; wollte
er mich nicht zu sich einlassen, dann verdiente seine Feigheit eine Züchtigung.

Er kam.

Ich empfing ihn mit vollkommener Ruhe. Nicht mit
Kaltblütigkeit; das Blut kochte in mir. Aber der
Himmel hatte mir eine fast wunderbare Kraft gegeben,
mich zu beherrschen. Sie war mir ein Zeichen, wie sehr

ich den rechten Weg gegen den Elenden eingeschlagen habe.

Er trat mit blassem Gesichte, mit unsicherem Blick zu mir ein. Er wollte sich Muth machen, er vermochte es nicht. Die vollste Feigheit hatte ihn zu mir geführt, die Feigheit des schlechten Gewissens, das Bewußtsein der eigenen Niederträchtigkeit, die zu gar nichts mehr Muth hat, nicht zum Widerstehen, nicht einmal zum Fliehen, die nur noch die Resignation hat, Alles über sich ergehen zu lassen, was kommen wird, damit es nur so bald wie möglich zu Ende sei.

Ich mußte ihn darauf ansehen, lange, schweigend.

Er konnte meinen Blick, die Stille nicht ertragen, der Elende.

„Was wolltest Du von mir?" sprach er mit zitternder, kaum hörbarer Stimme.

„Hast Du meine Frau verführt?" fragte ich ihn.

Ich war unwillkürlich näher an ihn herangetreten.

Er wich in seiner Feigheit an die Thür zurück.

Ich konnte ein Lächeln der Verachtung für ihn haben.

„Fürchte Dich nicht, Schilden. Aber antworte mir."

Er konnte nicht sprechen.

„Wenn Du mir nicht antwortest", fuhr ich fort, „oder wenn Du lügst, dann fürchte mich."

„Ja!" preßte er heraus.

„Du bist also der Verführer des armen Weibes?"

„Ich sagte es Dir."

„Hast Du für sie gesorgt? Vielleicht auch für ihr Kind?"

„Sie wollte nichts von mir annehmen."

„Hat sie ein Kind?"

„Ja."

Ich hatte keine Frage weiter an ihn; ich war also mit ihm fertig.

Aber es zuckte unwillkürlich in mir, ihn zu züchtigen. Meine Hand erhob sich nach ihm, nach seinem von der Furcht fast verzerrten Gesichte.

Ich überwand auch das.

Er war mir zu verächtlich. Der Büttel züchtigt den Ehrlosen.

„Geh!" sagte ich.

Er ging.

Draußen mochte es ihm leichter werden.

Ich konnte seit langer Zeit zum ersten Male wieder aus freierer Brust aufathmen. Ich war in keiner Ungewißheit mehr. Ich hatte den schwersten Sieg meines Lebens erkämpft. Ein tiefer und schneidender Schmerz war allerdings in meiner Brust zurückgeblieben; ich konnte ihm gebieten, daß er nicht die Herrschaft über mich gewann.

Das Andenken an den Verräther habe ich aus meinem Herzen reißen können. Ich habe einen Feind voll des giftigsten, tödlichsten Hasses an ihm erworben; aber was kümmert mich das?

Meine Frau, wie hatte ich sie geliebt! Wie sie mich! Zeigten nicht jene Zeilen an mich, daß sie mich noch liebt? Und welche entsetzlichen Künste der Verführung, des Verraths hatte der Schurke anwenden müssen, um das arme Weib zu verderben! Aber an meiner Seite durfte sie nicht wieder leben. Ich durfte mich andererseits nicht gerichtlich von ihr scheiden lassen. Kein Mensch außer den drei Betheiligten kannte meine Schande. Ein Scheidungsproceß hätte sie der Welt geoffenbart. Wir durften uns nur nicht wiedersehen, nie wieder eine Gemeinschaft mit einander haben. Das war klare, volle, feste Ueberzeugung in mir. Aber sie konnte das Andenken an die Arme, an die, deren Liebe mein Leben gewesen war, nicht aus meiner Brust verbannen.

Eine Freude, eine Hoffnung kam wieder in mein Herz, als Napoleon von Elba entwichen war, als der König seine Landwehren zum zweiten Male unter die Fahnen rief. In der Stunde des Aufrufs eilte ich zu meinem Regimente. Ich hoffte in dem Kampfe für den

Du weißt, wie es anders kam. Die erste Kugel, die mich traf, zerschmetterte mir nur den Fuß, machte mich kampfunfähig für die schnell folgenden Schlachten.

Und nun, Franz, warum ich nach Göttingen gekommen bin, Gisbert Aschen aufsuche.

Meine Frau sollte mit ihrem Kinde nicht der Noth anheimfallen. War sie zu stolz gewesen, von dem Verräther eine Unterstützung anzunehmen, hatte ich auch nicht den Versuch machen dürfen, ihr meine Hülfe anzubieten, so war es mir nun desto mehr eine Herzenspflicht, nach meinem Tode für sie zu sorgen. Ich mußte mich dazu Jemand anvertrauen. Es war unser Freund und Kamerad Aschen, dem ich mich entdeckte, wenige Tage vor der Schlacht von Ligny. Er – er konnte in den Kämpfen, die uns bevorstanden, fallen wie ich — so schrieb er an seinen Onkel, den Domherrn von Aschen. Der Domherr von Aschen hatte sich darauf sofort meiner Frau angenommen und sie untergebracht. Er hatte es bald nach der Beendigung des kurzen Feldzugs an Gisbert geschrieben; Gisbert theilte es mir mit. Seitdem habe ich nichts wieder von der Unglücklichen gehört. Ich konnte zuletzt der Sehnsucht nicht widerstehen, Nachricht von ihr zu erhalten. Den Ort, wo er sie untergebracht, hatte der Onkel Gisbert's nicht genannt. Ich hätte ohnehin nicht zu ihr reisen dürfen. So nahm ich Urlaub —

nach Minden war ich seit jener Begegnung mit Schilden nicht zurückgekehrt: ich ließ mich an die entlegenste Regierung des Staates, nach Gumbinnen versetzen — von dort reiste ich hierher, um durch Gisbert von seinem Onkel Nachricht über meine Frau zu erhalten und zugleich den treuen Freund wiederzusehen. Und ich treffe auch Dich hier, Du braver Franz, und ich wollte, Du könntest mit mir fühlen, wie mir wieder eine Last vom Herzen gefallen ist, nachdem ich auch dem zweiten Freunde, den ich liebe wie den ersten, mich entdecken und auch in seinen Augen habe lesen können, daß noch ein edles und zugleich ein so lebhaft und feurig schlagendes Herz meinem Handeln seine Zustimmung gibt."

Mahlberg endigte seine Mittheilung.

Franz Horst hatte ihm still zugehört. Er saß auch jetzt schweigend da, in tiefem Nachsinnen; er drückte nur, wie dankbar, dem Freunde die Hand. Nach einer Weile aber sprach er:

„Du hast gehandelt wie ein Ehrenmann. Aber was Deine Ehre Dir verbot, das fordert sie von Deinen Freunden."

„Franz", rief Mahlberg, „hätte ich Dir darum mein Vertrauen geschenkt? Soll das Dein Dank sein?"

„Wo hält sich der Regierungsrath Schilden jetzt auf?" fragte der Jüngling.

„Ich beschwöre Dich, Franz! Stelle meine Ehre nicht doppelt bloß, indem Du sie zu beschützen meinst."

Da sah der junge Student den ältern Freund mit so klarem Blick an.

„Fürchte nichts, Mahlberg. Ich werde jenen Menschen nicht aufsuchen, nicht heute, nicht jemals; das verdient der Elende nicht. Aber der Zufall, vielmehr sein Geschick, wird ihn mir einmal entgegenführen, und dann werde ich in anderer Weise, als Du es durftest, ihm zeigen, wie man niederträchtige Verräther züchtigt. Sage mir nicht, wo er ist; er entgeht mir nicht. Und je höher sein Ehrgeiz, wie Du es nennst, ihn seine Carrière hat machen lassen, desto sicherer und gerechter wird das ihn treffen, was ihm werden muß. — Und nun sprechen wir von Gisbert. Auch ihn drückt etwas. Und es ist etwas Schweres. Ich habe es ihm oft angesehen. Er hat allerdings einen ruhigen, fast phlegmatischen Charakter. Aber das Phlegma, das er zeigt, ist nicht ganz seine Natur. Ein großer Theil davon ist mir immer wie gemacht vorgekommen; er will darunter den Druck, das Leiden, den Schmerz seines Innern verbergen, wie er überhaupt zu den Menschen gehört, die nicht bemerkt sein wollen, die ihr Glück am meisten in ihrem innern Leben finden. Sie müssen freilich deshalb ein gewisses Maß ruhig und harmonisch gestalten zu können. Ihr Phlegma ist ihnen dazu gleichsam der Panzer, der Fremdes und Störendes von ihnen abhält."

„Ich glaube", sagte Mahlberg, „daß Du unsern Freund richtig beurtheilst. Es drückt ihn in der That etwas Schweres. Was es ist, darf ich Dir nicht sagen; es ist sein, nicht mein Geheimniß. Sein Unglück hat Aehnlichkeit mit dem meinigen, und es ist doch ein so ganz anderes, und auch er kann sich ihm nicht entziehen, er vielleicht noch weniger als ich."

Sie hatten die Waldschenke erreicht, die das Ziel ihrer Fahrt war.

Sie waren um die Höhe des Hainbergs herumgefahren und hatten sich dann lange in dem Walde gehalten, der auf der andern Seite des Bergs sich weit in das Land hineinzieht; darauf waren sie in eine schmale Schlucht eingebogen, an deren jenseitigem Ende die Schenke, noch unter Bäumen, aber am Saume des Waldes, vor ihnen lag.

Es war ein einzelnes Haus. Vor seiner ganzen Fronte hin zogen sich zu beiden Seiten der Eingangsthür zwei lange Lauben von Weinreben. Rechts war ein

Die Stille wollte den beiden Freunden, als sie vorfuhren, fast sonderbar vorkommen. Man hatte im Hause das Nahen des Wagens schon seit ein paar Minuten hören müssen: dennoch ließ sich kein Mensch zum Empfange sehen. Der Kutscher fuhr nach der Stallthür hin; die Thür war nur angelehnt: auf einmal wurde sie von innen fester zugezogen und verschlossen, ohne daß Jemand zum Vorschein kam.

„Wirthschaft!" rief Horst laut.

Auch auf den Ruf erschien Niemand.

Er wollte sich verwundern.

„Die Leute hier sind doch sonst so aufmerksam."

Er wiederholte seinen Ruf lauter.

Endlich kam eine alte Magd aus dem Hause.

Sie sah verlegen, ängstlich aus.

„Was befehlen die Herren?" fragte sie scheu.

Horst verwunderte sich noch mehr.

„He, alte Ilse, seit wann bedienst Du denn die Gäste hier? Früher war nur der Kuhstall Dein Departement."

Die Alte hatte keine Antwort.

„Wo ist die Frau Lehmann?" fragte der Student.

„Ich weiß es nicht."

„Wo ist denn Mariannchen?"

„Ich weiß es auch

„Hier geht etwas vor", sagte der Student, „und ich muß wissen, was es ist."

Er ging in das Haus.

Er war bekannt darin.

Als er in den Flur trat, kam ihm durch eine Seitenthür ein hübsches junges Mädchen entgegen.

Sie sah verstört aus wie die alte Magd.

„Mariannchen, was habt Ihr denn hier?"

„Nichts, nichts, Herr Horst."

„Nichts, nichts? Ich muß auch das Nichts wissen, aller Logik Göttinger Professoren zum Trotz."

Er ging zu der Thür, durch die das Mädchen gekommen war.

„Um Gotteswillen, Herr Horst!" hielt sie ihn fast gewaltsam zurück.

Er drang nicht weiter vor.

„Mariannchen, ist hier ein Unglück passirt?" fragte er.

Das Mädchen sah ihn noch einen Augenblick zweifelhaft an.

„Wer ist der Herr, der mit Ihnen kam, Herr Horst?"

„Ah, Ihr hattet uns also gesehen?"

„Ja."

„Und darum Eure Angst?"

des Fremden willen, Herr Horst."

„Er ist ein alter Freund und Kriegskamerad von mir."

„Und zuverlässig?"

„Wie Gold und Sie, Mariannchen."

„Dann hören Sie. Im Tanzsaale liegt ein Student schwer verwundet. Sie fürchten, daß er sterben müsse.

„Ein Duell?"

„Ja."

„Und wer ist es?"

„Wir kennen die Herren nicht."

„Wie sieht der Verwundete aus?"

„Ein großer, hübscher Herr mit blonden Haaren."

„Aschen!" tauchte eine Ahnung in dem Studenten auf.

„Haben Sie den Namen Aschen oder Gisbert gehört, Mariannchen?"

„Sie nannten gar keine Namen. Die Herren schienen sehr erbittert gegen einander zu sein. Es werde heiß und schwer hergehen, hörte ich einen schon vorher sagen."

„Mariannchen", sagte der Student, „rufen Sie einen der Herren heraus; der Franz Daniel Horst sei da, sagen Sie."

Das Mädchen kehrte durch die Thür zurück, durch die sie gekommen war.

Nach ein paar Augenblicken trat mit ihr ein Student heraus.

Es war eine jener großen, schlanken und doch kräfti=

gen. Kurländergestalten, die man noch heute oder heute wieder auf den deutschen Universitäten häufig antrifft.

„Ist es Gisbert Aschen, Rurik?"

„Leider ja."

„Ist es so gefährlich mit ihm, wie das Mädchen sagte?"

„Es war gefährlich. Die große Pulsader unter dem rechten Arm war ihm durchgeschnitten. Konnte sie nicht unterbunden werden, so war der Tod unvermeidlich. Es dauerte lange, ehe sie nur gefunden wurde. Dann wollte lange das Unterbinden nicht glücken. Diese gewöhnlichen Pauckärzte verlieren bei ungewöhnlichen Dingen den Kopf."

„Und wie ist es jetzt?"

„Alles in Ordnung. Der Verwundete muß nur Ruhe haben. Zum Abend bringen wir ihn in die Stadt."

„Warum kann er nicht hier bleiben?"

„Die Wirthsleute wollen uns nicht über Nacht behalten. Hier sei noch nie ein Duell gewesen; die Sache könne ruchbar werden; man nehme ihnen dann die Wirthschaftsconcession."

„Darfst Du mich zu ihm führen, Rurik?"

„Er soll sich vor jeder Aufregung hüten, sagt der Arzt. Aber ich will fragen."

Horst besann sich.

„Frage nicht. Ich verzichte, es ist besser."

Der Kurländer kehrte in den Tanzsaal zurück, der heute zum Paulsaal geworden war.

Horst ging in die Laube vor dem Hause, in welcher Mahlberg zurückgeblieben war.

„Kaffee!" bestellte er vorher bei dem hübschen Mariannchen.

„Ein eigenes Zusammentreffen!" sagte er zu Mahlberg. „Aschen hat sich hier geschlagen."

„Und?"

„Er ist schwer verwundet, aber außer Gefahr."

„Und wir gehen nicht zu ihm?"

„Er soll in vollster Ruhe bleiben, ohne die geringste Aufregung. Nun würde mein Anblick ihn freilich nicht aufregen, aber desto mehr der Deinige, schon die Nachricht von Deiner Anwesenheit. Da verzichtete ich ganz."

„Du thatest recht."

„Ich werde aber heute Nacht bei ihm wachen und morgen führe ich auch Dich zu ihm."

Mariannchen brachte den Kaffee.

Sie sah noch verstört aus, aber Schreck und Angst hatte sie überwunden; da mußte sie erzählen.

„Es war das erste Duell hier im Hause, Herr Horst. Aber diese Angst, die ich gehabt habe! Wie die Hiebe fielen! Und wie die Funken aus dem Stahle flogen!"

„Sie mußten also trotz Ihrer Angst zusehen, Mariannchen?"

„Nur zuhören, Herr Horst, und nur einmal sah ich einen Augenblick durch die Thür. Ich hatte so viel von den Duellen der Herren Studenten gehört, oder von den Paukereien, wie die Herren sagen."

„Erzählen Sie, Mariannchen."

„Die Herren", erzählte Mariannchen, „kamen gegen Mittag hier an, in zwei Kutschen. Die Kutscher sagten nachher, sie hätten Umwege gemacht, damit man sie nicht verfolgen solle. Aus dem ersten Wagen stiegen vier Herren heraus, die alle so wüst und häßlich aussahen; die Bärte und die Haare und die Kleider waren ihnen so unordentlich. Am häßlichsten unter ihnen war ein Großer, Starker mit einem rothen, breiten Gesicht. Er und einer von seinen Begleitern, waren die einzigen, die ich schon früher hier gesehen hatte; im vorigen Herbst, an einem Sonntag, als Tanz hier war. Sie gingen damals auf den Tanzboden, fingen mit aller Welt Streit an und wurden zuletzt von den Bauerburschen hinausgeworfen. Die forderten nun auch sogleich Rum. Aus der zweiten Kutsche kamen nur feine, vornehme Herren, und besonders gefiel mir der hübsche blonde Herr, der nachher von dem Andern, dem Häßlichen mit dem breiten, rothen Gesichte, so schwer verwundet wurde. Sie gingen gleich nach ihrer Ankunft in den Tanzsaal. Daß sie sich dort duelliren wollten, sagten sie nicht. Mein Vater hätte ihnen sonst den Tanzsaal nicht aufgeschlossen. Aber wir wurden es bald gewahr, freilich als es zu spät war. Ich mußte Wasser, warmes und kaltes, in den Saal tragen, und da sah ich, wie einer von den Herren Verbandzeug auspackte, Messer und Scheeren und Leinewand und Charpie, und dann, wie die Beiden, der große Häßliche und der hübsche Blonde, ihre Röcke auszogen und wie ihnen große Schläger in die Hand gegeben wurden. Ich konnte vor Schreck kaum wieder aus dem Saale kommen. Draußen aber mußte ich an der Thür stehen bleiben, um zu wissen, was nun weiter kommen werde. Und da ging denn ein schreckliches Schlagen los; Hieb fiel auf Hieb und immer schneller und schwerer. Und dabei hörte man nichts Anderes; keiner von allen den Menschen, die da waren, sprach ein Wort. Es war, als wenn die Beiden sich schlagen wollten, bis der eine von ihnen todt sei, und als wenn alle die Andern das ruhig abwarten wollten. Es wurde mir ordentlich grausig und ich mußte einmal durch die Thür sehen, die ich nur angelehnt hatte. Und da sah ich, wie der Häßliche, der beinahe um einen Kopf länger war als der Andere, immer von oben her auf diesen einschlug, daß die Funken aus der Klinge fuhren; und er wurde immer zorniger und röther im Gesichte, weil er seinem Gegner nichts anhaben konnte. Der hübsche blonde Herr stand dem wüthenden Menschen so ruhig gegenüber, als wenn er nur mit ihm spiele. Ich dachte mir, er wolle es so absehen, wann er ihm einen tüchtigen Hieb versetzen könne. Auf einmal war es anders gekommen. Wie, das wußte ich selbst nicht. Ich hatte nichts Besonderes gesehen oder gehört; aber plötzlich sah ich Blut in die Höhe spritzen, zur Erde fließen; die beiden Gegner wurden auseinander gerissen; der blonde Herr wurde weiß wie die Wand und sank um. Ich flog aus der Thür zurück, mir vergingen die Sinne; ich sah und hörte lange nichts, bis meine Mutter vor mir stand, auch mit einem leichenblassen Gesichte, und mir sagte, der blonde Herr sei schwer verwundet, und die beiden Aerzte fürchteten, er werde nicht mehr lebend den Saal verlassen. Nachher ist es aber doch mit ihm wieder besser geworden und jetzt ist er außer Gefahr."

Die beiden Freunde warteten, bis der Tag sich zum Abend neigte. Sie ließen dann zuerst den Wagen mit dem Verwundeten langsam zur Stadt fahren und fuhren darauf selbst schneller zurück.

Der Abend war dunkel geworden.

Das hübsche Gretchen stand in dem Zimmer ihres Hausgenossen, des Studenten Freiherrn Gisbert von Aschen.

In dem Zimmer war kein Licht.

Gretchen hatte Lampe und Kerze auf den Tisch gestellt und Feuerzeug daneben. Sowie sie den Herrn die Treppe heraufkommen hörte, konnte sie Licht machen, daß er das Zimmer hell fand, wenn er eintrat.

Aber er kam noch immer und immer nicht.

Sie wartete vergebens auf ihn, schon lange. Sie horchte nach der Straße hinaus, sie horchte nach der Treppe hinunter. Draußen in der Weender Straße wogten an dem schönen Sommerabend die Menschen wohl auf und ab, scherzend, plaudernd, lachend, lustige Lieder singend, Liebe flüsternd. Aber ein Wagen kam nicht, die Hausthür unten wurde nicht aufgemacht, und drinnen blieb es auf der Treppe still, und in dem dunklen Zimmer des Studenten hörte man nur den schweren Seufzer, der sich der Brust des jungen Mädchens entrang.

Sie warf einen Blick über die Straße hinüber nach den Fenstern der schwarzen Maske. Die Fenster waren hell, aber die Vorhänge waren zusammengezogen. Man konnte trotzdem sehen, wie in dem Zimmer sich Jemand in der Nähe der Fenster bewegte; manchmal schien es ihnen ganz nahe zu kommen; ein Kopf mußte sich an die Scheiben gelegt haben.

„Sie horcht wie ich", sagte sich Gretchen. „Was mag er sie angehen? Ob sie schön ist?"

Da kam Jemand die Treppe herauf.

„Der Baron? Hätte ich überhört, daß die Hausthür aufging? Ich achtete nur auf die Maske. Was geht sie denn mich an?"

Gretchen flog vom Fenster zu dem Feuerzeuge am Tisch. Sie flog wieder zurück zu dem Fenster; sie zog auch die Vorhänge zusammen.

„Die drüben braucht nicht zu wissen, was hier vorgeht."

Dann zündete sie das Licht an.

Die Thür wurde geöffnet.

Franz Horst trat ein.

„Sie, Herr Horst?"

„Wie Sie sehen, schönes Gretchen."

Der Student Gisbert von Aschen lebte sehr eingezogen, wie Horst dem Hauptmann oder Regierungsrath Mahlberg erzählt hatte, ging wenig aus und sah wenig Bekannte bei sich. Horst war aber doch wohl manchmal bei ihm gewesen, und so war der junge Student mit dem hübschen Gretchen bekannt wie draußen in der Waldschenke mit dem hübschen Mariannchen.

„Sie hatten mich wohl nicht erwartet, Gretchen?" fragte er.

„Nein, Herr Horst."

„Aber den Baron Aschen?"

„Ja."

„Er wird in einer Viertelstunde hier sein."

„Sie wissen von ihm? Was ist mit ihm geschehen?"

„Er ist verwundet."

Gretchen wurde leichenblaß; sie war am Umsinken wie am Nachmittage das hübsche Mariannchen in der Waldschenke.

„Na, armes Gretchen, setzen Sie sich. Es hat keine Gefahr mit ihm. Ich werde nur heute Nacht bei ihm wachen —"

„Und ich, Herr Horst!"

„Wir beide also, und —"

Der Student wollte einen Scherz hinzufügen. Es verging ihm doch, als er in das angstvolle Gesicht des hübschen Kindes sah.

„Mir lag es den ganzen Tag in den Gliedern" sagte sie. „Und als er den Nachmittag nicht nach Hause kam, und es immer später wurde, da wußte ich, daß meine Angst keine vergebliche gewesen war."

„Wußten Sie von dem Duell, Gretchen?"

„Schon seit heute Morgen."

„Durch wen?"

„Durch den Stiefelwichser."

„Ja, ja!"

Die Stiefelwichser auf den deutschen Universitäten sind eine ganz besondere Sorte von Menschen. Der einzelne bedient zwanzig, dreißig, mancher bis zu vierzig, fünfzig Studenten von Süd und von Nord, Freund und Feind, wie es sich trifft. Sie sind jedem Studenten sein Factotum, ohne das er nicht bestehen kann; hat der „Wichsier" ihm nicht die Stiefel geputzt und die Kleider gereinigt, so kann er nicht ausgehen; versetzt der Wichsier ihm nicht bei dem Juden seine Sachen, so kann er nicht leben. So wird der Stiefelwichser sein Vertrauter und erfährt Alles, was auf der Universität passirt. Und niemals mißbraucht er das Vertrauen. Seine einzige Vertraute wieder ist nur die Aufwärterin des Studenten, aber auch nur, wenn sie diesem treu ist, und das erkennt der Wichsier mit einem fast wunderbaren Scharfblick.

Gretchen hatte sich von ihrem Schreck erholt. Sie mußte es; sie hatte noch Mancherlei für ihren Baron zu besorgen.

Nach einer Viertelstunde kam der Verwundete. Er

hatte die Treppe hinaufsteigen können; zwei Studenten mußten ihn nur stützen. So schritt er auch in das Zimmer. Aber dann fiel er trotz seiner kräftigen Natur zusammen, und in das Bette mußten sie ihn tragen.

Gretchen leuchtete stumm. Wie durfte sie in Gegenwart der Studenten sprechen! Einer von ihnen kam ihr ohnehin so sonderbar vor. Aber das Licht flog in ihrer zitternden Hand, daß es zu erlöschen drohte.

„Was zittert Sie denn?" fuhr der Student sie an, der so sonderbar aussah.

„Der arme Herr!" mußte Gretchen ihm doch antworten.

„Er hätte besser pariren sollen!" lachte der Student.

„Er hat zu viel getrunken", sagte der zweite wie entschuldigend zu dem hübschen, bleichen Mädchen.

Es war der Kurländer Rurik, der dem Freiherrn secundirt hatte.

„Um meinen Aerger hinunterzuspülen", sagte der andere. „Hat man je im Leben von einer solchen Paukerei gehört? Hat sich der Mensch da geschlagen, als wenn er einem Fuchs mit einem Rappier von Leder gegenüber stände! Und sein Gegner war der erste Schläger Göttingens, mit einer Klinge, die mehr als haarscharf war. Es ist, um sich schwarz zu ärgern. Aber ich werde doch heute Nacht bei Dir wachen, Freund Gisbert."

Der Freiherr war in sein Bette gebracht.

Mit ihm gekommen waren sein Secundant Rurik, der Paukarzt und der Angetrunkene.

Rurik nahm Franz Horst auf die Seite.

„Wie werden wir den Menschen los? Er kam unterwegs am Hainberge zu uns. Wir konnten ihn nicht entfernen. Um nicht Aufsehen zu erregen, mußten wir ihn mit heraufnehmen. Er hätte die ganze Straße zusammengerufen."

Franz Horst wußte ein Mittel.

„Ich werde hier heute Nacht wachen. Nach einer halben Stunde schicke ich ihn zu Euch in die Kneipe, um Wein für ihn und mich zu holen. Dort haltet Ihr ihn unter irgend einem Vorwande oder mit Gewalt zurück."

„So wird es gehen."

Der Arzt hatte den Verwundeten im Bette zurecht gelegt, noch einmal nach dem Verbande gesehen, nach dem Puls gefühlt.

„Der Verband ist in Ordnung", erklärte er. „Der Puls ist wenig schwach. Das Fieber wird nicht sehr stark werden. Diese Westfalen, Edelmann wie Bauer, haben eine Heidennatur."

„Sie leben ja auch in grauen Haiden", sagte Knüppel, der Angetrunkene.

„Er bedarf", fuhr der Arzt fort, „nur der unbedingtesten Ruhe. Dann ist durchaus keine Gefahr mehr da. Ich werde dennoch in einer Stunde wiederkommen, um nachzusehen. Im Uebrigen habe ich die Aufwärterin instruirt, die mit ihrer Mutter bei ihm wachen wird."

„Ich werde hier wachen!" rief Knüppel. „Und dann brauchst Du gar nicht wiederzukommen, Pauldoctor. Ich bin selbst Mediciner — In meinem sechsten Semester."

Dann sah er sich das hübsche Gretchen näher an.

„Ah, ah, mein schönes Kind! Wir beide wachen hier, und weißt Du was? Deine Mutter braucht in unserm Bunde nicht die Dritte zu sein. Sie kann schlafen gehen."

Rurik und der Arzt hatten sich durch Blicke verständigt.

Sie gingen.

„Du gehst nicht auch, Fuchs?" fragte Knüppel den jungen Studenten Franz Horst.

Franz Horst war preußischer Offizier, hatte in Feldschlachten sich Orden und Ehrenzeichen erworben. Auf der Universität war er nur ein Fuchs, und Knüppel, der schon fünf, beinahe sechs Semester akademischer Zeit hinter sich hatte, stand als „bemoostes Haupt" unendlich hoch über ihm.

Franz Horst mußte das anerkennen, wenn er nicht sofort den Skandal haben wollte, den Rurik befürchtet hatte.

„Als Dein Fuchs, Knüppel!" sagte er. „Um Dir zur Hand zu sein und es Dir bequem zu machen."

„Das läßt sich hören, Fuchs. Du scheinst zu den vernünftigen Füchsen zu gehören. So werde ich es mir denn hier bequem machen."

Er wollte seinen Rock aus- und dafür den geblumten Schlafrock des Verwundeten anziehen.

Er sah sich vorher um.

„Aber zum Teufel, ich sehe hier nichts zu trinken. Verdursten darf der Mensch nicht."

„Was soll ich Dir holen, Knüppel?"

„Wein! Was sonst? Lebt der Mensch von Wasser? Und höre, Fuchs, guten! Verstehst Du Dich auf alten Franzwein?"

„Ich bin noch zu jung, Knüppel."

„Das sieht man", sagte Knüppel mit großer Verachtung.

„Wäre es daher nicht besser", fragte Horst, „wenn Du selbst den Wein holtest? Dich betrügen sie nicht. Hier ist Geld. Und in der Michaelskneipe, fünf Häuser von hier, soll guter Wein sein."

„Du bist wahrhaftig ein vernünftiger Fuchs", meinte Knüppel.

Er nahm das Geld und ging.

„Er wird nicht wiederkommen", sagte Horst zu dem Verwundeten. „Sie halten ihn in der Kneipe. Ich hatte es mit Rurik verabredet."

Dann nahm Horst die Hand des Freundes.

„Endlich können wir mit einander sprechen."

„Und Du willst mir Vorwürfe machen, Franz?"

„Später, Gisbert! Doch nein, nie! Wenn es auch Thorheit war, Dich mit jenem Menschen zu schlagen, es war eine Thorheit des bravsten, edelsten Herzens, und man muß Dich um so mehr lieben. Das nur wollte ich Dir sagen, und nun schlafe, Du lieber Freund."

Aber der Freiherr konnte noch nicht schlafen.

Gretchen stand am Fußende des Bettes, bescheiden sich zurückhaltend.

Er hatte auch mit ihr noch nicht sprechen können.

„Gretchen!" rief er sie zu sich.

Sie kam mit dem blassen und demüthigen Gesichte zu ihm.

Er nahm seine Hand aus der des Freundes und gab sie dem Mädchen.

„Und Du, mein liebes Gretchen, bist auch Du mir nicht böse? Ich werde Dir nun so viele Sorge machen."

„O lieber Herr Baron —"

Sie konnte nicht mehr sagen. Sie bedeckte das weinende Gesicht mit der Schürze. Dann riß sie sich von ihm los.

„Ich muß Ihnen Limonade bereiten, befahl mir der Doctor", sagte sie doch noch.

„Und nun schlafe, Gisbert", sagte Horst noch einmal. Aber der Freiherr konnte es auch jetzt nicht.

„Setze Dich ans Bett, Franz. Ich habe nothwendig mit Dir zu sprechen."

„Der Doctor gebot Dir die vollste Ruhe."

„Eben damit ich ganz ruhig sein kann, muß ich mit Dir reden."

„So rede, Gisbert."

„Ich habe Dir ein Geheimniß anzuvertrauen, Franz. Ich bin verheirathet."

„O, o!" mußte Franz Horst rufen.

„Für den Fall, daß ich sollte sterben müssen", fuhr der Verwundete fort, „habe ich nun eine Bitte an Dich."

„Wie kannst Du an Sterben denken, Gisbert? Der Arzt fand nicht die geringste Gefahr."

„Ich fühle mich so besonders schwach, und an den Tod darf man schon immer denken. Aber zu meiner Bitte. Meine Frau liebt mich und ich liebe sie. Wir haben es dennoch kaum anderthalb Jahr als Eheleute mit einander aushalten können. Warum, wirst Du schon später erfahren. Sollte ich nun sterben, so suche meine Frau auf und sage ihr, daß ich sie bis zu dem letzten Augenblicke meines Lebens geliebt habe, daß ich ihr nie böse gewesen bin, daß ich ihr Alles verziehen habe, und daß ich sie bitte, sie möge mir Alles verzeihen. Sage ihr dabei, mein Testament werde ihr der Onkel Florens bringen, aber er werde in seiner Liebe zu mir ihr schwere Vorwürfe machen wollen; sie solle sich die nicht zu sehr zu Herzen nehmen; gerade darum schickte ich Dich zu ihr. Und nun werde ich schlafen."

„Wo ist Deine Frau?" mußte Franz noch fragen.

„Du wirst es vom Onkel Florens erfahren."

„Und wo ist Dein Onkel Florens?"

„Hier! Gute Nacht, Franz!"

Er schloß die Augen.

Sie mochten ihm matt und müde genug sein. Die Operation des Auffindens und Unterbindens der durchschnittenen großen Arterie hatte lange gedauert; der Verwundete hatte dabei viel Blut verloren.

Franz Horst fragte ihn nicht weiter.

Er schüttelte nur still den Kopf und setzte sich dem Bette gegenüber in einen Lehnsessel.

„Sonderbare Menschen!" sagte er da für sich. „Auch der Onkel Florens soll ein Sonderling sein. Aber brav sind sie alle! Und mit dem Sterben wird es Zeit haben. Und morgen früh —"

Er dachte in der Stille des Krankenzimmers still weiter nach.

Gretchen trat mit der Limonade ein. Sie wagte kaum den Boden zu berühren.

„Er schläft?" fragte sie.

„Er schläft. Gehen auch Sie schlafen, Gretchen. Ich bin hier genug."

Sie wollte nicht.

„So legen Sie sich in dem vordern Zimmer auf das Sopha. Sie haben es wahrhaftig nöthig. Sie sehen ja elender aus als der Kranke."

Ein schwerer Seufzer des Mädchens antwortete ihm.

„Aber wenn etwas vorfällt, wecken Sie mich sogleich, Herr Horst."

„Ja, Gretchen."

Damit ging sie in das vordere Zimmer.

Es war zehn Uhr geworden. Die Stunde war verflossen, nach deren Ablauf der Arzt hatte wiederkommen wollen.

Der Verwundete war eingeschlafen. Aber sein Schlummer wurde ein unruhiger. Er warf den Kopf hin und her. Wenn er auch noch die Schultern bewegte, so konnte der Verband sich lösen. Mit der linken Schulter zuckte er schon. Franz Horst legte ihm leise seine Hand darauf. Das war wohl gefehlt. Der Verwundete fühlte in seinem Halbschlaf nur einen neuen Druck, dessen er sich entledigen mußte. Er versuchte es durch einen heftigen Ruck.

„Schlaf, Gisbert!" suchte Horst ihn zu beruhigen.

Der Kranke fuhr auf, wie aus einem ängstlichen Traume.

„Liege ruhig, lieber Gisbert."

Der Kranke erkannte die Stimme.

„Ah Du, Franz!"

Er lag ruhig.

Aber Franz Horst kam es vor, als wenn durch den Ruck und das Auffahren der Verband sich verschoben habe. Er sah näher hin. Er entdeckte Blut, frisches Blut. Der Verband mußte gelockert sein; vielleicht war es noch schlimmer.

Horst erschrak. Einen Augenblick horchte er, ob der Arzt noch immer nicht komme.

Er hörte nichts.

Dann war schnell sein Entschluß gefaßt. Ohne schleunige Hülfe konnte, mußte der Verwundete verbluten.

Er ging in das vordere Zimmer.

Gretchen lag dort auf dem Sopha.

„Gehen Sie zu dem Kranken, Gretchen. Ich hole den Arzt. In fünf Minuten bin ich wieder da."

Das Mädchen erschrak wie er.

„Was ist es, Herr Horst?"

„Hoffentlich nichts. Sorgen Sie nur, daß er sich nicht rührt. Unter keinen Umständen."

Er eilte fort.

Gretchen ging zu dem Kranken.

Er schlief, und wieder ruhiger.

Sie setzte sich an sein Bett.

Sie überwachte mit dem angst- und hoffnungsvollen hübschen Gesicht seinen Schlaf.

In dem vordern Zimmer öffnete sich die Thür, vernahm man einen Schritt.

„Der Herr Horst schon zurück?" dachte Gretchen.

Aber es war nicht der Schritt eines Mannes.

„Meine Mutter! Sie will sehen, wie es hier steht."

Aber es war auch nicht die Mutter.

Die nur angelehnte Thür des Krankenzimmers wurde geöffnet.

Eine schwarze Maske schaute in das Zimmer.

Als sie nur das Mädchen bei dem Kranken sah, trat sie ganz hinein.

Hatte die schwarze Maske gegenüber den ganzen Abend an ihrem Fenster gelauscht und beobachtet, bis der letzte der Begleiter des Freiherrn, die sie bei ihm wußte, gegangen war?"

„Er schläft!" flüsterte ihr Gretchen bittend entgegen.

Die schöne, feine Gestalt der schwarzen Maske schlich auf den Fußspitzen näher.

„Er ist verwundet?" fragte sie das Mädchen.

„Wie Sie sehen."

„Schwer?"

Gretchen stand auf, ging in eine Ecke des Zimmers und winkte der Dame, ihr zu folgen.

Die Maske folgte ihr.

Und dort, wo der Kranke auch ihr leisestes Flüstern nicht mehr hören konnte, sagte das brave Mädchen mit ihrer leisesten Stimme zu der Dame:

„Er soll sehr gefährlich verwundet sein. Die große Pulsader unter dem Arm ist ihm durchgehauen. Die Herren waren alle besorgt für sein Leben. So eben wird der Arzt gerufen."

„O mein Gott!" rief die Dame.

Sie rang die Hände. Sie wollte durch das Gemach eilen. Sie besann sich, daß sie kein Geräusch machen dürfe. Sie mußte sich in anderer Weise Luft machen. Sie riß die schwarze Maske vom Gesicht.

Gisbertine, Freiin und Freifrau von Aschen, stand in ihrer vollen Schönheit da.

Das Gesicht zeigte die Furcht, die Angst, die Sorge, den Schmerz, die Vorwürfe, die ihr Inneres zu verzehren drohten. Sie konnten seine vornehme, so echt aristokratische, blendende Schönheit nicht verwischen.

Gretchen, die hübsche Aufwärterin, stand bestürzt vor ihr. Ein scharfer Stachel hatte sich ihr wohl tief in das junge Herz gebohrt. Sie blieb wie festgebannt in dem dunklen Winkel des Zimmers stehen, als wenn sie einer solchen Schönheit gegenüber nicht mehr an das Licht hervortreten dürfe, als wenn ein Gefühl der Vernichtung über sie gekommen sei.

Gisbertine setzte sich an das Bett des Kranken. Sie nahm Gretchen's Platz ein.

Gretchen wehrte es ihr nicht.

„Sie muß ja ein Recht dazu haben", sagte sie sich. Aber dann mußte sie sich doch fragen: „Wer ist sie denn, daß sie ein Recht dazu hat?"

Gisbertine beugte sich mit dem schmerzvollen Gesichte über den Kranken. Sie wollte ihre Lippen auf seine Stirn legen, nur hauchend. Sie wagte es nicht.

Er schlief. Er hatte nichts von dem wahrgenommen, was geschehen war. Er schlief wieder ruhig.

Gisbertine sah seinen ruhigen Schlummer. Da kam ihr ein anderer Gedanke. Sie sah sich nach dem Mädchen um. Sie hatte ihm etwas zu sagen.

9*

„Ich werde die Nacht hier bleiben, bei dem Kranken wachen. Wären Sie so gut, in meine Wohnung drüben zu gehen und es meiner Jungfer zu sagen? Sie weiß nicht, wo ich bin."

Sie sprach nicht stolz wie am Morgen; sie war freundlich gegen das Mädchen; ihr scharfes und erfahrenes Auge hatte ihr wohl in den paar Augenblicken das etwas leicht empfängliche, aber doch ganz unschuldige Herz des Kindes gezeigt.

Gretchen ging gehorsam.

Gisbertine sah wieder nach dem Kranken. Er schlief noch ruhig. Aber er lag so blaß, so erschöpft da; man sah, wie der Blutverlust ihm alle seine Kräfte genommen hatte; es hätte ihr ängstlich werden müssen, hätte sie nicht seinen Athem gehört. Wie ganz anders mochte sein Aussehen gewesen sein, als sie ihn zum letzten Mal gesehen hatte! Wie mochte er damals frisch, gesund, blühend gewesen sein! Und warum war er jetzt so ganz anders? Was hatte ihn, den Mann, der längst über die Studentenjahre und Studentenduelle hinaus war, ihren, Gisbertinens Gatten in dieses Leben und Treiben wieder hineingeworfen?

Gisbertine starrte in schmerzlichem Nachdenken auf den Kranken.

Sie überhörte in ihrem tiefen Schmerze fast,

daß Jemand die Treppe heraufkam und in das vordere Zimmer trat.

Sie mußte doch aufmerksam werden. Es war ein schwerer, ein so besonders schwerer Tritt. Die Aufwärterin war es nicht; die konnte auch noch nicht zurück sein. Gisbertine besann sich, daß das Mädchen gesagt hatte, der Arzt werde gerufen. Sie wollte nachsinnen, welche Stellung sie gegenüber dem Arzte einnehmen solle. Daß der Student von Aschen verheirathet sei, wußte hier Niemand, konnte Niemand ahnen. Aber der Schritt des Mannes in dem vordern Zimmer war auch so schwerfällig, schien ein herumtappender, schwankender zu sein.

Gisbertine wollte aufstehen, um zu sehen, wer es sei.

Die Thür der Hinterstube wurde geöffnet. Sie wurde plötzlich und heftig aufgerissen.

Ein Student stand darin, mit glühendem Gesichte, mit glotzenden Augen.

Es war Knüppel, schwer betrunken.

Gisbertine erschrak, als sie den fremden betrunkenen Menschen sah.

Knüppel lachte.

„Ah, ah, Schätzchen, also doch allein? Ohne Deine Mutter? Das ist brav! Hast wohl schon lange auf mich gewartet? Die Spitzbuben! Sie wollten mich nicht lassen! Wollten mich betrunken machen. Brachten mich dann nach Hause. Pah, die Esel! Ich war klüger als sie alle. Ich mußte ja zu meinem Schätzchen kommen. Ich hatte es Dir versprochen, Kind!"

Er war, während er sprach, auf Gisbertine zugeschwankt, die er durch die Weindünste, die ihm den Blick trübten, für Gretchen hielt.

Gisbertine war in Todesangst.

Sie mochte halb errathen, was es mit Knüppel war. Es verminderte ihre Angst nicht.

Knüppel wollte sie umarmen.

Sollte sie sich ihm entziehen? Durch Zurückstoßen? Durch Flucht? Der Stoß konnte den Schwankenden niederwerfen, und wenn Knüppel fiel, so fiel er schwer, und sein Fall glich einem Donnerschlag. Ihre Flucht aber forderte den Menschen zu einer Hetzjagd auf.

Und der Kranke schlief noch. Knüppel hatte in seiner Zärtlichkeit leise gesprochen.

Sie faßte sich. Sie erhob sich in ihrem ganzen vornehmen Stolze.

„Mein Herr! Machen Sie kein Geräusch! Der Verwundete schläft."

Knüppel erkannte seinen Irrthum.

Aber Gisbertinen half es nicht.

„Teufel, das ist ja nicht die Kleine! Wie viele Schätzchen hat der Aschen denn? Lassen Sie sich einmal besehen, Mamsellchen! Wahrhaftig, nicht übel. Geschmack hat er. Und Geld hat er ja auch! Nun, heute Nacht, mein schönes Kind —"

Der Verwundete wurde unruhig. Er warf den Kopf auf die Seite. Knüppel hatte lauter gesprochen, zu laut.

„Sie wecken ihn auf!" rief Gisbertine. „Schweigen Sie!"

„Ah bah!"

Der Kranke öffnete die Augen halb, nur halb aus dem Schlummer erwachend.

„Wer ist da?" fragte er.

„Ich beschwöre Sie!" rief Gisbertine Knüppel zu.

Sie rief es mit ihrer leisesten Stimme.

Der Kranke hatte sie doch gehört.

Er öffnete die Augen weit. Er war völlig erwacht. Er fuhr in die Höhe, mit seinem ganzen Körper. Ein furchtbarer Schmerz warf ihn zurück.

Er wollte rufen, einen Namen, Gisbertinens Namen. Seinen bleichen Lippen entrang sich ein unterdrückter Schmerzensschrei.

„Er stirbt!" rief Gisbertine.

Knüppel wurde doch andern Sinnes.

„Bah, so geschwind stirbt der Mensch nicht!" schrie er.

Dann mochte ihm wieder einfallen, daß er Mediciner im sechsten Semester sei. Er trat an das Bett und beugte sich über den Kranken.

„Donnerwetter!" rief er auf einmal. „Der Verband sitzt ja ganz schief. Laß einmal sehen, Aschen! Wahrhaftig! Der Esel von Paukdoctor! Verbindet man so die Axillaris? Komm her, mein Junge, den Verband muß ich Dir anders anlegen."

Und Knüppel legte seine schwere Hand auf die Schulter des Verwundeten und griff nach dem Verbande, um ihn aufzutrennen, und der Verwundete war in wenigen Minuten eine Leiche, wenn es dem betrunkenen Menschen gelang.

Gisbert von Aschen war wieder zu sich gekommen. Eine Ohnmacht war ihm nahe gewesen, hatte ihn schon gefaßt; unter den rohen Händen erhielt er das Bewußtsein wieder. Aber er konnte sich nicht wehren, er konnte sich ja nicht einmal rühren. Er hatte sein Bewußtsein nur wiedergewonnen, um die Todesgefahr zu erkennen, in der er sich befand.

„Mensch, Du bringst mich um!" rief er.

„Liege Du nur still, mein Junge!"

„Hülfe! Hülfe!" rief der Kranke mit seiner letzten Kraft.

Die Hülfe für ihn war schon da.

Gisbertine hatte den Betrunkenen ergriffen, um ihn von dem Kranken zurückzureißen.

Aber Knüppel war in seinem Rausche plötzlich zu einem

Wahnsinnigen, einem Rasenden geworden. Er schwankte, er taumelte nicht mehr; er hatte die Kraft eines Riesen.

„Zum Teufel, Mamsell, ist Sie verrückt? Ich muß doch den armen Menschen verbinden."

Er schüttelte Gisbertine von sich wie eine leichte Feder.

„Verbinden!" rief er. „Die Axillaris muß anders unterbunden werden. Sie ist eine Fortsetzung der Aorta, zweigt sich ab von der Jugullaris. Alle Wetter!"

„Unglücklicher!" rief Gisbertine.

Sie war wieder aufgesprungen; sie hatte ihn wieder ergriffen. Auch sie hatte auf einmal Riesenkräfte. Die Verzweiflung hatte sie ihr gegeben, für den Gatten, für sein Leben. Sie riß den Betrunkenen zurück; er mußte mit ihr kämpfen. Sie hielt den Kampf mit ihm aus; sie rang mit ihm; sie umschnürte ihm die Arme. Der Verwundete war von dem Wahnsinnigen befreit. Aber das schwache Weib hatte jene übernatürliche Kraft nur einen Augenblick lang. Sie wankte; sie wurde weiß wie der Schnee.

In dem vordern Zimmer wurde ein rascher Schritt gehört. Die Thür ging auf.

Franz Horst flog auf den Betrunkenen zu, riß ihn empor, warf ihn nieder. Es war ein Augenblick.

Auch Gisbertine war von dem Rasenden befreit.

Sie sank ohnmächtig in die Arme Gretchen's, die dem jungen Studenten auf dem Fuße gefolgt war.

Franz Horst wollte die fremde Dame verwundert ansehen.

Aber Knüppel hatte sich wieder aufgerafft.

„Verdammter Fuchs", rief er, „was fällt Dir ein?"

„Daß Du Dich von hier fortmachen sollst", sagte Horst.

„He, ich muß ja den Gisbert verbinden!"

„Das kannst Du draußen."

„Was?"

„Draußen, sage ich Dir."

„Der Fuchs ist wahrhaftig betrunken!" lachte Knüppel. „Aber in Einem hast Du Recht, Franz Daniel. Ich habe ja mein Verbandzeug nicht hier. Ich werde es holen."

Franz Horst wandte sich nun zuerst zu dem Verwundeten.

„Thal er Dir schon etwas, Gisbert?"

„Sie rettete mich!" sagte der Kranke und zeigte nach der Ohnmächtigen.

„Wer ist sie?"

„Meine Frau."

Franz Horst ging zu Gisbertinen.

Sie hatte die Augen noch geschlossen.

Sie war dennoch so schön.

Auch Gretchen sagte es sich.

Sie hatte die Worte des Verwundeten gehört.

„Wie schön sie ist! Und sie ist seine Frau!"

Wie mochte dem armen Kinde das Herz bluten!

Gisbertine schlug die Augen wieder auf.

Franz Horst gab ihr seinen Arm und führte sie zu dem Verwundeten.

„Gnädige Frau", sagte er leise, „sein einziger Gedanke waren Sie."

Gisbertine durfte ihren Gatten wieder küssen, auf die weiße Stirn, auf die bleichen Lippen. Ihre Arme konnten sich um die seinigen legen.

„O Gisbert, habe ich Dich wieder? Kannst Du mir verzeihen?"

„Frage den Freund!" sagte er. „Aber mußt Du es denn noch?"

Er drückte seine Lippen auf die ihrigen, umschlang sie mit dem gesunden Arm, sah ihr mit der vollen Liebe seines Herzens in die Augen.

„Nein, nein!" rief sie. „Du bist ja das edelste, das großmüthigste Herz."

„Herr Horst!" rief Gretchen leise den jungen Studenten auf die Seite. „Herr Horst, wenn etwas nöthig sein sollte, so rufen Sie nur meinen Namen in den Gang hinaus."

„Du willst Dich schlafen legen? Du bist müde, armes Gretchen!"

„Schlafen? Nein!" sagte sie, den Kopf schüttelnd.

Sie verließ das Zimmer.

Sie war in diesem Augenblicke vielleicht das unglücklichste Herz auf der Welt.

Aber junge Mädchenherzen, die leicht unglücklich werden, können auch bald wieder glücklich werden.

Der Arzt kam, den Horst gerufen hatte.

„Es war ja keine Gefahr; darum war ich nicht wiedergekommen", sagte der Pauldoktor der Studenten.

Er fand auch jetzt keine Gefahr, trotz Allem, was mit dem Kranken vorgegangen war.

„Er hat eine Heidennatur", wiederholte er. „Ich sagte es ja. Alle diese Westfalen. Aber nun muß ich auf der unbedingtesten Ruhe bestehen. Er darf kein Wort mehr sprechen und es darf kein Wort zu ihm gesprochen werden, die ganze Nacht nicht!"

Mit dem Befehle ging er.

„Aber Deine Hand darfst Du mir geben, Gisbertine."

Und Gisbertinens Hand lag schon in der seinigen.

„Und ansehen darf ich Dich."

Und Gisbertinens Augen lächelten ihm unter Thränen ihre Liebe zu.

Dann wurde die Nacht doch noch unruhig für den Kranken. Das Wundfieber stellte sich ein. Aber Gisbertinens Hülfe und Dienste waren immer bei ihm, aufmerksam, flink, weich und glücklich.

„Engel!" sagte dankbar der Kranke, wenn das Fieber ihm auf Augenblicke ein klares Bewußtsein gab.

Und dankbar küßte ihn Gisbertine.

Gegen Morgen schlief er ruhig und lange.

Als er erwachte, fühlte er sich wunderbar gestärkt. Nachher erklärte auch der Arzt, daß jede Gefahr vorüber sei.

„Ich verdanke es Dir, Gisbertine!" sagte der Verwundete. „Und nun dürfen wir auch wieder sprechen."

„Du noch nicht, Gisbert, aber ich. Und ich habe Dir ja Vieles zu sagen, und ich habe so lange darauf warten müssen, es Dir sagen zu können. Darf Dein Freund Horst es hören? Alles?"

„Alles!" sagte der Kranke.

„So hört! So hört beide, wie ich meinen Mann liebe, und wie schlecht ich gegen ihn war, und wie ich ihm nun ewig, ewig dankbar sein werde."

„Ewig?" fragte eine Stimme in das Zimmer hinein.

Der Domherr stand in der Thür.

„Ja, ja, Onkel Florens!" flog die junge Frau ihm entgegen. „Und auch Du sollst Alles hören, meine Sünden und meine Liebe."

„Hm, hm! Aber zunächst, was macht der Narr da?"
Der Kranke konnte ihm die Hand reichen.

„Ja, ja", sagte der Domherr, „die leichtfertigste Person auf Erden ist das Glück; sie verbindet sich nur mit der Thorheit. Aber lege Deine Beichte ab, Gisbertine, und — ohne die Koketterie des Beichtstuhls."

Gisbertinens Beichte war folgende:

„Aber werdet Ihr denn nicht in jedem Worte Koketterie finden, mit dem ich Euch sage, daß ich den Gisbert lieben mußte, weil ich ihn zuerst haßte, und daß ich es nicht abwarten konnte, seine Frau zu werden, weil ich durch einen schlechten, nichtsnutzigen Familienhandel ihm als Frau verkauft war? Ja, mein Herr Horst, so war es. Mein Vater und Gisbert's Vater waren Brüder, und in ihren Adern rollte also oder rollte eben auch nicht das alte adlige Blut der Freiherren von Aschen, die bekanntlich zu den ältesten Geschlechtern des alten westfälischen Adels gehören. Mit uns, den Kindern unserer Väter, wurde dies aber bedenklich. Mein Vater war der ältere, also der Stammherr, ihm gehörten also die Güter der Familie. Nun hatte jedoch mein guter Vater das Unglück gehabt, sich in meine Mutter zu verlieben und sie zu heirathen. Meine Mutter war zwar von gutem preußischen Adel; die Steinaus gehören zu denjenigen Familien des Preußenlandes, welche zuweilen den

Königen von Preußen eine Faust in der Tasche machen und sagen: Wir waren längst Herren in diesem Lande, als die Hohenzollern herkamen! Aber was hilft es ihnen? Vor dem stolzen westfälischen Adel finden sie keine Gnade. Papieradel, Beamtenadel, Offiziersadel! ruft der verächtlich. Wart Ihr schon zu Kaiser Karl's des Großen Zeiten im Lande? Seid Ihr nur stiftsfähig? Könnt Ihr sechzehn reine ablige Ahnen aufweisen? Ihr könnt es nicht. In Eurem ganzen Lande links von der Elbe ist keine einzige Familie, die das kann. Also seid Ihr uns nicht ebenbürtig; wir haben keine Gemeinschaft mit Euch! So war die Verbindung meines Vaters mit meiner Mutter eine Mesalliance, und ich, die Tochter dieser Verbindung, konnte die Aschen'schen Güter nicht erben; mein Vetter Gisbert erhielt sie vielmehr, weil sein Vater ein vorsichtiger Mann gewesen war und ein westfälisches Fräulein mit sechzehn Ahnen geheirathet hatte. Meine Vormünder protestirten zwar gegen Gisbert's Vormünder — wir waren beide früh Waisen geworden — und sie erhoben gegen einander einen heftigen Proceß, aber Gisbert's Vormundschaft blieb im Besitz. Davon hörte ich natürlich, und es war der erste Grund meines Hasses gegen ihn, obwohl wir beide noch Kinder waren. Aber noch mehr haßte ich ihn, daß er Gisbert hieß. Ich hieß Gisbertine; wie konnte er mir meinen Namen rauben wollen? So redete es mir meine Bonne ein, und sie wußte auch, warum es so sei. Gisbert sei ein alter Taufname in der Familie, und der Stammherr werde jedesmal so getauft, und da habe dieser Gisbert sich so taufen lassen, um Stammherr zu werden und mir meinen ehrlichen Namen Gisbertine schon im voraus wegzunehmen, ehe ich nur noch geboren sei. Die Frau wußte es so genau und mir so klar auseinander zu setzen, daß ein außerordentlich tiefer Sinn für mich darin lag. Ich hätte einen Mord an dem Räuber meiner Güter und meines Namens begehen können. Wir sahen uns zum Glück nie. Er war Herr auf den reichen westfälischen Gütern, ich lebte im Hause nicht sehr reicher Verwandten hinten im Kassubenlande. Da war auf einmal das Westfalenland französisch geworden und meine preußischen Vormünder jubelten hoch auf. Ja, ja! Die Alles nivellirenden französischen Revolutionsgesetze wußten von einem stiftsfähigen Adel nichts mehr, also auch nichts von Mesalliancen, nichts von Stammgütern und Stammherren. Mein Proceß war, Dank den deutschen Proceßgesetzen, noch nicht zu Ende; er mußte nach den französischen Gesetzen zu meinen Gunsten und bald entschieden werden. Die westfälischen Vormünder boten den meinigen einen Vergleich an und die meinigen nahmen ihn an. Er war kurz und bündig. Gisbert und Gisbertine heirathen einander, und die Güter werden darauf ihr gemeinschaftliches Eigenthum. Wir waren verlobt, ohne es zu wissen. Wenn er zwanzig, ich achtzehn Jahre alt sei, solle die Hochzeit sein. Als ich sechzehn Jahre alt war, wurde ich zu ihm nach Westfalen gebracht, damit wir uns kennen lernten. Man sagte mir das erst, als wir mitten in den Haiden des Landes waren.

„Welch entsetzliche graue Haiden!" rief ich aus.

„Du wirst Dich an sie gewöhnen müssen", wurde mir zur Antwort.

„Hier?"

„Ja, Du wirst hier bleiben!"

„Um vor langer Weile zu sterben!"

„Du wirst hier heirathen."

„Einen Haidenmenschen? Nimmer!"

„Du bist schon mit ihm verlobt. Du bist jetzt auf dem Wege zu ihm."

Und nun erfuhr ich Alles.

„Und er kommt nicht einmal zu mir! Ich soll zu ihm kommen! Ich werde zu ihm gebracht wie eine verkaufte Waare!"

Ich wollte mitten in der Haide aus dem Wagen springen; man mußte mich mit Gewalt halten.

Wir kamen auf der Aschenburg an. Sie war ein schönes, großes, prächtiges Schloß mit einem großen, reizenden Park. Aber die graue Haide war nahe dabei.

„Hier bleibe ich keinen Tag!" rief ich.

Gisbert und Gisbertine wurden einander vorgestellt.

Du warst ein leidlich, nein, ich will die Wahrheit sagen, Du warst ein recht hübscher Mensch; ich hatte im Kassubenlande keinen schönern gesehen. Ich fand Dich zum Entsetzen häßlich. Du sahst mich mit Augen an, als wenn Du in mir das Ideal von Schönheit und Liebreiz erblicktest. Ich sagte zu mir: Wie kann der westfälische Heide sich unterstehen, die Augen zu mir zu erheben?

„Ihr seid Verlobte!" sagte man zu uns. „Reicht Euch die Hände; küßt Euch; sagt Du zu einander."

„Liebe Gisbertine, wie freue ich mich, Dich zu sehen!" sagtest Du mir.

Du ergriffst meine Hand und küßtest sie.

Ich mußte Dir meine Hand lassen, aber ich erwiderte Dir kein Wort, und daß Du nicht den Muth hattest, meinen Mund zu küssen, das war trotz aller Onkel und Tanten doch Dein Glück.

Und nachher nahm ich Dich allein.

„Willst Du mich wirklich heirathen, Vetter Gisbert?"

„Lieber heute als morgen, theuerste Gisbertine!"

„Aber ich nehme Dich nicht."

„Aber Du mußt ja. Der Familienvertrag will es."

„Ich kaufe ein Pistol und erschieße Dich."

„Ich fürchte mich nicht."

„Ich tyrannisire Dich bis aufs Blut."

„Kennst Du die Zähmung der Zänkischen von Shakspeare, mein schönes Gisbertinchen?"

„Abscheulicher Mensch!"

So waren wir mit einander bekannt geworden.

Du mußtest dann mit mir durch die Güter fahren. Du fuhrst selbst, und die stolzen und wilden Pferde gehorchten Dir wie ein paar Lämmer.

„Ich werde desto widerspenstiger gegen Dich sein", sagte ich.

Die Güter waren so groß, so reich, in so ausgezeichnetem Zustande.

„Welch ein erbärmlicher Kaufpreis für mich!" rief ich aus.

Die reichen Bauern waren so glücklich, die künftige Herrin zu sehen. Sie waren noch Deine Leibeigenen gewesen; das französische Gesetz hatte sie frei gemacht.

„Künftig soll ich wohl Deine Leibeigene sein?" sagte ich zu Dir.

„Gisbertine, ich werde Dein Sklave sein."

„Das ließe sich hören."

Wir durchstreiften dann zu Fuße den großen Park, hinter ihm die unendliche Haide.

„Hier werden wir glücklich sein, Gisbertine!" sagtest Du.

„Wie das graue, dürre Haidemoos?" fragte ich Dich.

Wir mußten uns nach acht Tagen trennen. Ich mußte mit den Tanten in das Kassubenland zurück.

Aber das Westfalenland wollte mir doch nicht wieder aus dem Sinn und in meinem Herzen saß immer ein junger Mann neben mir, der so sicher und ruhig die wilden Pferde vor dem Wagen lenkte, und in grauen Haiden, die kein Ende nehmen wollten, lag ich auf weichem Haidekraut so warm und weich an seinem Herzen, und die Zeit wurde mir entsetzlich lang bis zur Hochzeit.

Als dann aber der Hochzeitstag kam, da kam auch der alte Zorn wieder über mich. „Verkauft bin ich ihm! Seine Leibeigene soll ich werden!"

„Gisbert, wir wollen die Güter theilen!" empfing ich Dich.

„Warum, Gisbertine?"

„Weil ich mich nicht verkaufen lassen, weil ich Deine Frau nicht werden will."

„Es thut mir leid, Gisbertinchen, aber Du mußt."

„Aber ich will nicht. Behalte sie ganz, diese Güter."

Du wurdest doch ernst.

„Ist es Dein Ernst, Gisbertine?"

„Ja!"

„Würde es Dich unglücklich machen, wenn Du meine Frau werden müßtest?"

„Ja!"

„Gisbertine, dann behalte Du die Güter, Du allein. Ich werde schon durch die Welt kommen. Wenn ich großjährig werde, stelle ich Dir die Urkunde aus. Adieu!"

Du wolltest gehen. Die Augen waren Dir naß geworden.

Konnte ich Dich gehen lassen, Du edler Mann? Ich umschlang Dich mit beiden Armen. Heiße Thränen stürzten mir aus den Augen.

„Gisbert, Gisbert, mein einzig, mein ewig Geliebter!"

Wir wurden Eheleute; wir wurden glückliche Eheleute. Wir zogen nach Westfalen. Die Aschenburg hatte vielleicht noch nie glücklichere Menschen gesehen. Sie sah sie sechs Monate lang, auch wohl nur drei, dann nicht mehr. Der einfältige Gedanke, verkauft zu sein, kam wieder über mich! Verkauft als seine Leibeigene! Warum hatten die französischen Gesetze die Leibeigenschaft seiner Bauern aufheben und warum hatte der Pfarrer bei der Trauung mir zurufen müssen: Und er soll Dein Herr sein? Und warum mußte ich ihn trotz alledem lieben? Und warum brauchte er mich zu lieben? Er sollte es nicht; er sollte ja mein Herr sein, sagte die Bibel und der Pastor. Und darf der Herr seine Sklavin lieben und die Sklavin den Herrn? Das Slawenblut in mir kam hinzu, das halbe. Meine Tanten hatten es mir wohl oft gesagt, als ich noch ein kleines Kind war. Halb kassubisches, halb westfälisches Blut! Das hat sich nicht recht vermischen wollen; da ist keins zur Klärung und zur Ruhe gekommen; da gährt es fort und fort und schäumt und zischt gegen einander, und bald ist die Kassubin oben und bald die Westfälin, und im Grunde kann sie daher nicht dafür, daß sie so ist, wie sie ist, bald ein kleiner Satan, bald wieder ein — Ich weiß nicht, ob sie das Wort Engel aussprachen; ich weiß nur, daß ich ein kleiner Satan schon immer war, und mehr, als ich es hätte sein sollen.

Und ich wurde es auch Dir, Du armer Gisbert, und ich wurde und blieb es Dir immer mehr, je mehr Du mich liebtest und zu Deinem Engel machen wolltest, und je mehr ich Dich liebte und mir täglich gelobte, Dein Engel zu werden. Wenn Du fahren wolltest, dann wollte ich gehen, und wenn Du dann mit mir gehen wolltest, dann wollte ich reiten, und wolltest Du nun die Pferde satteln lassen, dann wollte ich fahren, aber ohne Dich. So machte ich Dir Dein Leben zur Hölle, und ich war der Teufel darin, der die schwersten Höllenqualen selbst fühlt. Und nichts half Dir, nicht Deine Sanftmuth, nein, zornig warst Du nie, nicht einmal streng. Du gewannst eine durch nichts zu erschütternde Ruhe über Dich; sie wurde fast zum Phlegma. Und sie machte mich noch unglücklicher, noch mehr zur Widerbellerin. Hättest Du nur einmal in Zorn gerathen können, daß ich hätte von Dir laufen dürfen!

Etwas über ein Jahr hieltest Du es aus. Da —

Als bald nach unserer Verheirathung der Feldzug des Jahres 1813 begann, hattest Du als Freiwilliger mit hinausziehen wollen. Ich gab es nicht zu; ich beschwor Dich, mich nicht zu verlassen, mich nicht zu tödten. Ja es wäre mein Tod gewesen, wenn ich den Deinigen hätte erfahren müssen. Ja, ja, da fühlte ich so recht, wie ich Dich liebte, über Alles, selbst mehr als mich selbst. Du bliebst; Du brachtest mir das schwere Opfer. Wie dankbar war ich Dir dafür! Wie zeigte ich Dir meine Liebe, meine Dankbarkeit! Aber wie lange währte es? Der Satan kam bald wieder über mich, und ich wurde wieder Dein Satan. Es war mir schon zur andern Natur geworden; ich hatte gar keine Widerstandskraft mehr dagegen. Ich verhöhnte Dich, daß Du nicht mit dabei warst, wo alle sich Ruhm und Ehre erwarben.

Da brach der Krieg des Jahres 1815 aus.

„Willst Du wieder im sichern Hort daheim bleiben?" war meine Frage des Hohns an Dich.

„Nein!" antwortetest Du mir kurz, und Du trafft in derselben Minute Deine Anstalten zur Abreise, um einer der ersten Freiwilligen auf dem Kampfplatze zu sein.

Und mein ganzes Inneres empörte sich gegen den Barbaren, den Unmenschen, der mich nun doch verlassen, sich und mich dem Tode preisgeben konnte, der wirklich abreisen wollte, anstatt reumüthig zu mir zurückzukehren und mich um Verzeihung zu bitten, daß er nur eine Minute lang den Gedanken gehabt habe, zu gehen. Ich war in Wuth, in Verzweiflung; ich wälzte mich auf meinem Sopha umher; ich wollte zu Dir fliegen, Dich bitten, Dir befehlen, daß Du nicht gingst. Mein Stolz litt es nicht. Ich war eine Wahnsinnige; es war der Wahnsinn der Widerspenstigkeit, des Stolzes, der Herrschsucht, der Liebe. Ja, auch der Liebe! Ich konnte Dich nicht wiedersehen; ich ließ Dich ohne Abschied ziehen, Du mochtest bitten, wie Du wolltest.

Und der Wahnsinn war nicht vorüber, als Du fort warst. Er ist erst in der letzten Nacht von mir gewichen.

Du schriebst an mich; ich nahm Deine Briefe nicht an; ich schrieb Dir nicht; ich verließ die Aschenburg; ich kehrte nach Preußen zurück, zu meinem verwundeten Onkel Steinau. Ich wollte nichts, gar nichts mehr von Dir wissen. Ich war frei von Dir, endlich; ich war unglücklich, aber in einer Wuth des Glücks.

Du kamst zurück; Du hattest unter allen den tausend und tausend Braven zu den Bravsten gehört; Du hattest Dich ausgezeichnet durch Deinen Muth, Deine Entschlossenheit, Deine Kaltblütigkeit; der König hatte Dir die seltene Auszeichnung der ersten Klasse des eisernen Kreuzes verliehen.

Mein Zorn gegen Dich war um so größer.

Du suchtest mich auf; ich ließ Dich nicht vor mich. Du hattest mich einmal verlassen; ich wollte Dich nie wiedersehen.

Wie glaubte ich Dich zu hassen! Wie liebte ich Dich!

Ich mußte Dir hierher folgen. Ich mußte sehen, daß Du meinen Haß verdientest, daß meine Liebe einem Unwürdigen galt. Dann — ich glaube, dann wollte ich sterben.

So bin ich hier — und habe ich mich besser oder schlechter gemacht, als ich bin?"

„Etwas schlechter!" sagte der Domherr.

Der Verwundete aber sagte:

„Küsse mich, Du Engel, der Du tausendmal mehr gelitten hast als ich."

Und sie küßte ihn zärtlich und sprach:

„Und ich schwöre Dir, Gisbert —"

Der Domherr aber unterbrach sie.

„Schwöre nicht, Gisbertine!" rief er ihr wieder zu, wie vor einem Jahre an der Dahlheimer Sägemühle.

Sie erschrak.

Sie hatte auch damals geschworen, und sie hatte dennoch die Kruste der Launen, des Stolzes, des Trotzes, mit der sie ihr Herz gegen den Gatten umschlossen hatte, ein ganzes Jahr lang nicht brechen können.

Ein Schauder ergriff sie.

„Soll ich denn niemals glücklich werden?" rief sie.

Drittes Kapitel.

Vor- und Empfangszimmer in Berlin.

In dem Empfangszimmer des Generals befanden sich der General selbst und eine schöne und elegante Dame.

Der General war ein kleiner Herr mit einem feinen, klugen Gesicht. Figur und Gesicht zeigten eben keinen preußischen General, zumal keinen der damaligen Zeit an, die Uniform sprach aber unwiderleglich.

Die schöne Dame war eine hohe, imponirende Gestalt; sie überragte den General mit ihrem ganzen Kopfe; sie war nicht mehr ganz jung; vielleicht schon dreißig Lenze konnten an ihr vorübergegangen sein; aber sie hatte sich wohl conservirt, und ihre langen blonden Locken mußten noch nicht dazu dienen, etwaige feine Fältchen an ihren Schläfen zu verbergen.

„Nun, Vater", sagte die junge Dame — als junge Dame wollte und konnte sie gewiß noch immer gelten — „nun, Vater, ich habe offen gegen Dich gesprochen; ich hoffe, Du bist es auch gegen mich."

„Offen warst Du", erwiderte der General.

Die Tochter sah den Vater fragend an, was er weiter sprechen werde.

Er sprach weiter:

„Also Schilden oder Westernitz?"

„Ich überließ Dir die Wahl, Vater."

„Mit Westernitz würdest Du Gräfin. Er ist in der Adjutantur des Königs. Die Generalsepauletten sind ihm sicher."

„Heirathet man Epauletten, Vater?"

„Warum nicht?"

„Ohne Muth? Ohne Achtung bei der Armee?"

„Muth, Hedwig? Desto gehorsamer wird er als Ehemann sein. Und was die Achtung bei der Armee betrifft, so ist er Adjutant des Königs und wird deshalb bei Hofe geachtet, und da wird sich dann auch die Achtung bei der Armee einfinden."

„Die Familie hat ihn freilich darum so untergebracht. Aber wenn nun einmal der König erführe, was an ihm, wie er zu seinen Orden gekommen ist?"

„Wie wollte der König das erfahren, zumal wenn er mein Schwiegersohn wäre?"

„Durch Zufall."

„An das Ohr der Könige darf sich auch kein Zufall wagen."

„Genug, Vater, ich kann den Grafen nicht achten."

„Ei, sieh da! Und der Herr von Schilden hätte Deine Achtung?"

„Er ist ein Mann, der wenigstens durch sich selbst, mit seinen eigenen Kräften sein Ziel verfolgt."

„Und es auch sicher erreichen wird. Darin hast Du Recht. Er wird ebenso sicher Minister werden wie der Graf Westernitz General. Er ist schon jetzt die rechte Hand seines Chefs. Aber wir haben bei ihm eins vergessen."

„Das wäre?"

„Ob er Dich will!"

„Er muß!"

„Hm, Hedwig, das können wir von dem Grafen sagen; er weiß, daß ein einziges Wort von mir ihn stürzt. Aber was vermöchte ich gegen Schilden? Er ist die rechte Hand des Polizeiministers, wie ich Dir schon bemerkte, und über den Polizeiminister vermag ich nichts; und gegen ihn? Wir haben die Polizei sehr nö'"

Um so mehr alliiren wir uns mit ihr!"

„Das nennst Du mir die Wahl lassen, Hedwig?"

„Ich sagte Dir nur meine Gründe."

„Du liebst vielleicht Schilden?"

„Lieben? Bah!"

Der General sann einen Augenblick nach.

„Ich werde Schilden zu Dir schicken."

„Aber instruirt!"

„Instruirt!"

Die Dame verließ zufrieden das Zimmer.

Der General ging nachdenklich in dem Zimmer auf und ab.

Das Schicksal seiner Tochter schien ihm doch am Herzen zu liegen.

„Jung ist sie nicht mehr. Vermögen habe ich nicht. Schilden wird seine Carrière machen. Er hat ein Rittergut."

Der Bediente trat ein und meldete:

„Der Herr Regierungsrath von Schilden!"

„Eintreten!"

Die große, stattliche Gestalt des Regierungsraths von Schilden trat ein.

„Excellenz hatten befohlen —"

„Gebeten, lieber Herr von Schilden."

Der Herr von Schilden verbeugte sich tief.

Der General fuhr fort; seine Stimme nahm einen etwas geheimnißvollen, fast feierlichen Ton an.

„Ich habe Wichtiges mit Ihnen zu besprechen, Herr von Schilden. Unsere Unterredung kann lange dauern."

Zwei Sessel waren einander gegenüber aufgestellt. Der General lud mit der Hand den Regierungsrath ein, sich in dem einen niederzulassen; er selbst nahm den andern ein.

Dann sprach er weiter:

„Sie waren an mich empfohlen, Herr von Schilden, als Sie vor einem halben Jahre hierher kamen."

„Und Excellenz haben seitdem nicht aufgehört, mich zu Ihrem dankbarsten Diener zu machen."

„Ich erkannte nur Ihren Werth für den Staat und suchte Sie für diesen richtig zu verwerthen. Dankbar könnte mir nur der Staat sein. Sie waren in das Finanzministerium berufen. Ihre Dienste waren auch dort bedeutende. Dem Polizeiministerium mußten Sie noch ersprießlichere leisten. Ich sprach mit Ihnen darüber; dann mit dem Polizeiminister. Die Sache war abgemacht. Sie sind in der kurzen Zeit die Seele des Ministeriums geworden. Ich habe heute eine besondere Mission für Sie."

„Excellenz haben stets über mich zu befehlen."

„Herr von Schilden, der Staat ist in Gefahr. Es

bedarf der Verbindung sehr tüchtiger Männer, ihn zu retten. Lassen Sie mich Ihnen unsere Lage schildern. Berathen wir dann den Plan der Rettung. Der preußische Staat ist auf dem Wege, demokratisirt zu werden. Den Grund legte zuerst Stein. Die unglückliche Idee der Laudwehr folgte. Der Staatskanzler, in den Händen von Juden, kann nicht das Zeug bekommen, dem Stein'schen Systeme den Abschied zu geben; er dient ihm vielmehr; er fördert es, wenn auch vielleicht unbewußt. So gehen wir dem Ruin entgegen. Durch die königliche Verordnung vom 22. Mai vorigen Jahres ist dem Lande eine allgemeine Repräsentation des Volkes versprochen, Kammern, denen sogar das Steuerbewilligungsrecht verliehen werden soll. Am 5. April vorigen Jahres hat man den König vermocht, in einem Zurufe an die Rheinländer das feierliche Versprechen zu ertheilen, daß durch eine angemessene Organisation der Landwehr dem Lande die Kosten der Unterhaltung eines größern stehenden Heeres erspart werden sollen. Das ist, ich wiederhole es, der Ruin des Staates. Zwei Dinge machen Preußen stark, nur sie: seine Armee, sein Adel. Sie werden vernichtet durch die Landwehr, durch Kammern. Und Landwehr und Kammern sollen wir entgegengehen! Von Hardenberg sprach ich schon. Scharnhorst ist todt. Aber die Gneisenau, die Boyen leben noch; eine Masse von

Ideologen halten zu ihnen; selbst der alte Blücher. Friedrich der Große sagte schon: Les anciens militaires finissent par radoter. Der König verhält sich indifferent; er liebt den Frieden, wie nach außen, so im eigenen Lande, am Hofe. Um ihn zu einem entschiedenen Einschreiten zu vermögen, bedarf es eines kräftigen Anstoßes. Einen solchen müssen wir haben. Aber wo ihn finden? Woher ihn nehmen?"

Der General schwieg; er sah den Regierungsrath fragend an.

Ueber das stets klare und ruhige Gesicht des Herrn von Schilden glitt ein feines Lächeln.

„Excellenz", sagte er, „scheinen großes Gewicht auf jene königlichen Versprechungen vom 5. April und 22. Mai des vorigen Jahres zu legen. Sollten Sie nicht übersehen haben, daß wir damals unmittelbar vor dem schweren Kampfe mit Frankreich standen? Versprechungen, in der Zeit der Noth gegeben, werden aber nirgends gehalten."

„Der König ist anderer Meinung", sagte der General.

„Man muß dem Könige die Meinung nehmen, Excellenz."

„Und wie?"

„Wollen Excellenz mir die Gnade eines geneigten

Gehörs schenken. An unserm Staatsleben beginnt es zu kränkeln, es ist wahr. Aber wo eine Krankheit ist, hat die Natur ein Heilmittel dagegen, und hat sie keins, so hat der Mensch die Aufgabe, eins zu machen. Für unser krankes Staatsleben liegt nun das Mittel der Heilung nahe. Excellenz sind, wie ich sehe, in unserer Gesetzsammlung bewandert. Erinnern Sie sich nicht auch einer Verordnung vom sechsten Januar des laufenden Jahres? Sie ist gegen die geheimen Gesellschaften gerichtet."

„Ah", sagte der General, „gegen den Mohr, der seine Schuldigkeit gethan hat."

„Nicht allein, nicht hauptsächlich. Nur der Tugendbund ist darin genannt. Aber er hat in der That seine Dienste geleistet und mit ihnen ist er todt. Ein ganz anderer Bund ist an seine Stelle getreten, und er war gemeint, aber nicht genannt, aus einem doppelten Grunde. Zuerst war noch kein Beweis gegen ihn da; er lebt äußerst geheim; da er nicht genannt ist, hält er sein Dasein verborgen, er wird unvorsichtig werden und Beweise gegen sich liefern. Zum Andern wurde der große Zweck erreicht, an maßgebender Stelle die Besorgniß vor geheimen Verbindungen zu wecken, deren Ziel es ist, den Thron umzustürzen. Wo nun aber dieser neue geheime Bund existirt und wer ihn bildet? Auf den deutschen Universitäten besteht er, und ihn bilden die entlassenen Freiwilligen und Landwehrleute, die jetzt studiren. Excellenz sehen mich verwundert an?"

„Nein, nein, lieber Regierungsrath; Sie haben einen Gedanken in mir angeregt, eine Masse, eine überwältigende Masse von Gedanken. Studenten, Landwehroffiziere, Ruf nach Volksrepräsentation, nach Kammern, nach Steuerbewilligungsrecht, nach Republik, das Alles in und durch geheime Gesellschaften — wie unendlich viel läßt sich damit machen. Haben Sie schon Beweise?"

„Wir sammeln sie, Excellenz."

„Und meine Freunde und ich werden in anderer Weise vorarbeiten. Und nun eine Bitte an Sie. Arbeiten Sie ein Exposé über die Angelegenheit aus."

„Zu Befehl, Excellenz."

Der General stand auf; der Regierungsrath mußte es auch.

Der General gab ihm die Hand. Er war gerührt.

Der Regierungsrath nahm die Hand; er war auch gerührt.

„Junger Mann, Sie sind in acht Tagen Geheimrath."

„Excellenz, ich verdiene so viel Güte nicht."

„Es ist die erste Stufe Ihrer Carrière. Ich sehe Sie bald wieder."

Der Regierungsrath verbeugte sich unterthänig.

Als er in der Thür war, rief ihm der General noch ein paar Worte nach.

Der junge Mann war ja jetzt instruirt, wie die Tochter des Generals es gewünscht hatte.

„Ah", rief der General, „beinahe hätte ich es vergessen; meine Tochter läßt Sie bitten."

„Das gnädigste Fräulein beglückt mich unendlich!"

Der Regierungsrath verließ das Zimmer.

Der General sah ihm mit dem Ausdrucke großer Befriedigung nach.

Der Bediente des Generals trat wieder ein, um eine neue Meldung zu machen.

Der General hatte heute Audienztag.

Er war zu jener Zeit eine viel geltende und viel vermögende Persönlichkeit, der kleine General von Taubenheim. Kriegsminister war er nicht; der vortreffliche Boyen war es. Obwohl General und obwohl auch schon damals russisches Beispiel in Berlin sich Bahn brach, hatte er auch kein anderes Ministerium. Das Militärkabinet war zu jener Zeit noch nicht ausgebildet. Aber etwas Aehnliches vertrat der General, eigentlich die Sache ganz und selbst. Er hatte daher einen großen Einfluß auf Staats- und andere Angelegenheiten, und wenn er davon gegen den Regierungsrath von Schilden nicht gesprochen hatte, so bedurfte es dessen diesem klugen Manne

gegenüber nicht, oder der General hatte seine Gründe
dazu. Diese lagen freilich nahe.

Auch der preußische Staat, gerade er war durch das
Volk, durch die freie, aufopfernde, thatkräftige Begeisterung des Volks gerettet. Der Zopf und der Uebermuth
des militärischen Drillens und des Junkerthums hatten
ihn wenige Jahre vorher von seiner Höhe hinuntergestürzt,
bis an den Rand des Abgrunds geworfen. Diese ver-
gangene Zeit sollte nun zurückgerufen werden, und an
der Spitze derer, die es wollten, stand der General von
Taubenheim. Auf der andern Seite waren Männer wie
Hardenberg, Gneisenau, Boyen und so manche Andere.
Sie alle hatten den Geist, das Volk, die gute Sache
für sich; sie alle hatten in erster Reihe gewirkt, als es
galt, das Vaterland und den Thron zu retten. Die
Partei des Junkerthums hatte ihnen nur eins entgegen-
zusetzen, eben die Verbindung des Junkerthums unter sich,
das in allen Hofämtern, in den höchsten Civilstellen und
fast in dem ganzen Offizierstande der Armee den König
umgab. Das ist allerdings in den meisten Zeiten eine
ungeheure Macht, die nur durch eine Revolution gebrochen werden kann; die alte wie die neue Geschichte —
die Sache ist alt, alt wie das Königthum — liefert Bei-
spiele genug dafür. Für Preußen war aber die damalige
Zeit keine gewöhnliche und keine jener Partei günstige.

Es war noch kaum ein Jahr verflossen, seitdem der Thron durch das Volk gerettet war; die Aufrufe an das Volk, alle jene Versprechungen, die man ihm gemacht hatte, waren noch in frischestem Andenken; die Begeisterung des Volks lebte noch fort; man bedurfte noch immer so vieler und so schwerer Opfer des Landes, um dem durch die bisherigen Drangsale zerrütteten Staate aufzuhelfen; einzelne Provinzen waren geradezu schwierig, namentlich jene beiden, nur so lose mit dem eigentlichen Staatskörper in äußere Verbindung gebrachten, Westfalen und Rheinland; besonders galt es, den offen unzufriedenen, reichen und mächtigen Adel in diesen beiden Provinzen zu gewinnen, der freilich bis auf den heutigen Tag sich noch nicht herabgelassen hat, mit dem preußischen Adel gemeinschaftliche Sache zu machen; endlich war der König ein Mann, der in Wahrheit das Wohl des Volks wollte, der ehrlich halten wollte, was er versprochen hatte, der den Frieden liebte, allem Gewaltthätigen und Plötzlichen Feind war. Das war keine Zeit für die Feudalpartei; da konnte diese den König wohl umgeben, aber nicht umstricken; da war auch der Einfluß eines ihrer Häupter, ihres vorgeschobenen Hauptes, an der entscheidenden Stelle kein durchgreifender. wenigstens in wichtigen, entscheidenden Angelegenheiten, wenn auch in kleinen persönlichen Sachen die Gegenpartei ihm absichtlich keine

Hindernisse in den Weg legen mochte. Auch an den Höfen der Könige ist Stillstand ein Rückgang. Der General von Taubenheim konnte seinen großen Einfluß verlieren; dem mußte vorgebeugt, die ganze Partei mußte gerettet werden.

Der Weg dazu war durch die Unterredung des Generals mit dem Regierungsrath aus dem Polizeiministerium angebahnt worden. Er mußte zum Ziele führen. Der General hatte ja noch seinen Einfluß. „An das Ohr der Könige darf sich auch kein Zufall wagen", hatte er mit jener Beziehung und Sicherheit zu seiner Tochter sagen können.

Die Vorzimmer eines so einflußreichen Mannes, der selbst den Zufall von dem Ohre seines Königs abzuhalten vermag, oder sagen darf, daß er es könne, pflegen gefüllt zu sein, wenigstens an seinen Audienztagen.

Es war auch an dem heutigen Tage so.

Als der Regierungsrath von Schilden das Zimmer des Generals verließ, sah der Bediente des Vorzimmers nach, wer von den Wartenden zuerst zur Audienz anzumelden sei.

Der General war ein gerechter und ordentlicher Mann. Er ließ in den Audienzstunden Jeden vor sich und Jeden nach der Reihenfolge, in der er in das Vorzimmer eingetreten war. Zu dem Ende lag hier auf einem Pulte ein großes Buch auf, in das Jeder bei seinem Eintreten seinen Namen einschrieb. Nach dem Buche meldete der Diener dem General an.

Der Regierungsrath war vor der gewöhnlichen Audienzstunde „befohlen" gewesen.

In einer Ecke des Vorzimmers standen zwei Herren beisammen. Zu ihnen ging der Bediente, um den einen von ihnen zu dem General hineinzuführen.

Er war in der That der Erste, der in dem Vorzimmer erschienen war.

Es war eine kräftige, gedrungene, nicht große, aber dennoch imposante Gestalt; das Gesicht hatte markige und edle Züge. In dem ganzen Wesen des Mannes prägten sich Muth und Entschlossenheit und jener edle Mannesstolz aus, der weiß, daß er ein berechtigter ist, daß er nicht fehlen darf. Er war in der Mitte der dreißiger Jahre. Er trug den schwarzen bürgerlichen Frack, aber auf der linken Brust das eiserne Kreuz erster Klasse und an einem Bande um den Hals den seltenen, nur großes militärisches Verdienst vor dem Feinde belohnenden Orden pour le mérite.

Wenige Minuten nach ihm war der eingetreten, mit dem er beisammen stand.

Es war ein kleiner, behender, hübscher, junger Mann mit einem blühenden Gesichte, mit krausen schwarzen Haaren, mit blitzenden Augen, die zeigten, daß sie sich nicht leicht etwas gefallen ließen, zugleich mit einer Keckheit, die sich, wo es nöthig war, in Bescheidenheit zurückzuziehen verstand. Er trug die Uniform eines Landwehrlieutenants und darauf das eiserne Kreuz, freilich der zweiten Klasse. Die Uniform war keine neue mehr; sie mußte noch aus dem Feldzuge stammen, vor dem Feinde, in der Schlacht getragen sein.

Er hatte gestutzt, als bald nach seinen Eintreten sein Blick auf den Herrn in dem schwarzen Frack mit den beiden hohen Orden gefallen war. Er kannte den Herrn; er wollte im ersten Moment auf ihn zugehen, ihn begrüßen. Jene Bescheidenheit wagte es nicht.

Da gewahrte ihn der Andere, und man sah in demselben Augenblicke Freude und Trauer in dessen edlem Gesichte. Er ging auf den jungen Mann zu und reichte ihm die Hand.

„Auch Sie hier, mein braver Freund?"

„O, o, mein verehrtester Herr Obristlieutenant!" sagte der junge Mann, dankbar und gerührt über den freundlichen Gruß.

„Es ist ein Jahr, das wir uns nicht sahen", sagte der Obristlieutenant.

„Es war in der Schlacht bei Belle-Alliance, Herr Obristlieutenant."

„Im wilden Schlachtgetümmel. Die Kugeln flogen um uns her, schlugen neben uns ein. Ah, wissen Sie noch, mein junger Freund, wie ich Sie in Ihrem Kampfeseifer zurückhalten mußte?"

„Ja, ja, Herr Obristlieutenant, Sie hatten bei aller Sorge für Ihr Regiment, in das Kugel auf Kugel einschlug, bei aller Gefahr, die Ihnen selbst drohte — rund um Sie her fielen Ihre braven Landwehrleute — Sie hatten doch noch ein Auge für den unbedeutenden Burschen, den Sie einmal in der Heimat gesehen hatten."

„Es war in Ovelgönne gewesen", sagte der Obristlieutenant. „Und dann, mein Freund, ich sah ja Ihren Muth und hatte an dem nämlichen Tage von Ihrer Tapferkeit bei Ligny gehört und wie der Feldmarschall Sie auf der Stelle zum Offizier ernannt hatte."

„Reden Sie nicht von mir, Herr Obristlieutenant", sagte der Lieutenant Becker. „Wie unbedeutend war mein Thun gegen Ihre Thaten bei Bautzen, bei Leipzig, bei Laon; die ganze Armee spricht davon; die Geschichtsbücher werden künftig davon erzählen. Bei Belle-Alliance war ich damals ja selbst Zeuge, mit welchem unbeschreiblich kalten und ruhigen Muthe Sie an der Spitze Ihres tapfern Regiments dem furchtbarsten Kugelregen Stand hielten. Sie hatten den Befehl, mit Ihrem Regimente eine feindliche Brigade in ihrem Vorrücken aufzuhalten, bis unsere Cavallerie sich gesammelt hätte. Es dauerte lange, bis unsere Cavallerie kam. Sie wichen nicht, Ihre Leute standen gegen die dreifache Uebermacht; der dritte Theil des Regiments fiel —"

„Alle die braven Landwehrmänner!" mußte der Obristlieutenant den jungen Offizier unterbrechen, und in seinen Augen standen Thränen.

„Und der bravste ihr Commandeur!" sagte der Lieutenant.

„Und jetzt?" sagte der Obristlieutenant für sich.

Dann brach er den Gegenstand des Gesprächs ab.

„Sie sind als Bittender hier?" fragte er den Offizier.

„Aus dem Kriegsministerium hierher geschickt", antwortete der Lieutenant.

„Ach ja!"

„Und, Herr Obristlieutenant, ich fürchte fast, von Pontius zu Pilatus."

„Wir haben unsere Dienste gethan; da können wir gehen."

„Auch Sie, Herr Obristlieutenant?"

„Warum ich weniger als Sie? Wir gehörten beide zur Landwehr."

Die Thür, die aus dem Arbeitszimmer des Generals in das Vorzimmer führte, wurde geöffnet.

Der Regierungsrath von Schilden trat heraus mit strahlendem Gesichte schritt er durch das Vorzimmer.

Der Lieutenant, der mit dem Obristlieutenant sprach

sah ihn und stutzte. Er kannte auch den Regierungsrath, aber er trug kein Verlangen, ihn zu begrüßen.

Als der Regierungsrath fort war, fragte er den Obristlieutenant:

„Haben der Herr Obristlieutenant den Herrn gesehen?"

„Ja", sagte der Obristlieutenant gleichgültig.

„Sie kennen ihn nicht?"

„Nein."

„Waren Sie kürzlich in Ovelgönne?"

„Ich komme von daher."

„Sie sahen die Frau Mahler dort?"

„Ich sah sie."

„Sie heißt eigentlich Frau Mahlberg."

„Woher wissen Sie das?"

„Sie wohnte früher in Minden. Ihr Mann war dort Regierungsrath. Ich war auch eine Zeit lang da. Dort sah ich auch den Herrn, der eben vorbeiging. Er war ein Freund des Herrn Mahlberg, der Regierungsrath von Schilden."

Der Obristlieutenant fuhr auf.

„Der Elende!" sagte er für sich.

Der Bediente des Generals trat zu den Beiden.

„Herr Obristlieutenant!" bat er.

Der Obristlieutenant folgte ihm zu dem Arbeitszimmer des Generals, trat in dieses ein.

Er trat mit langsamem, gemessenem Schritt ein, seine kräftige Gestalt hob sich; der Ausdruck seines edlen Gesichts wurde stolzer, strenger.

„Obristlieutenant Friedrichs", hatte der Bediente dem General gemeldet.

Der General hatte plötzlich aufgezuckt; sein Gesicht hatte eine augenblickliche Verlegenheit gezeigt.

„Eintreten!" hatte er gesagt.

Er sammelte sich.

Er wollte sich mit vornehmer und herablassender Gönnermiene zu dem Eintretenden wenden.

Da stand mit dem strengen und stolzen und doch so ruhigen und klaren Wesen die imponirende Gestalt des Obristlieutenants vor ihm.

„Herr Obristlieutenant Friedrichs?" sagte er.

„Mein Name, Excellenz!" war die kurze Antwort.

„Ich begrüße einen sehr tüchtigen Offizier der Armee Seiner Majestät", sagte der General verbindlich.

„Der dennoch seinen Abschied erhalten hat!" sagte der Obristlieutenant mit einer vielleicht unwillkürlichen Schwäche der Stimme.

Der General zuckte die Achseln.

„Die traurige Lage des Landes! So mancher verdiente Offizier hat seinen Abschied erhalten müssen."

Der Obristlieutenant antwortete darauf nicht.

„Excellenz", sagte er, „ich komme als Bittender zu Ihnen."

Der General zuckte wieder die Achseln.

„Ich würde kein größeres Glück kennen, als jede Bitte eines Mannes von Ihren Verdiensten erfüllen zu können. Allein jene traurige Lage des Landes, von der ich sprach —"

Der Obristlieutenant unterbrach ruhig den General, zu dem er als Bittender kam.

„Wollen Excellenz vorher die Gnade haben, mich anzuhören?" sagte er.

„Reden Sie."

Der General sprach doch ein wenig pikirt.

Den Obristlieutenant kümmerte es nicht.

„Excellenz", sagte er mit seiner stolzen Ruhe, „ich war einer der ersten, nein, ich darf es behaupten und ich muß es an dieser Stelle aussprechen, ich war mit meinem Freunde Moterbin, der bei der Erstürmung Leipzigs an meiner Seite fiel, der erste, welcher, ohne auf den Ruf unseres Königs aus Breslau zu warten, in die Reihen der zuerst in Königsberg gebildeten Landwehr eintrat. Ich habe seitdem bis zur zweiten Einnahme von Paris im vorigen Jahre die Feldzüge gegen die Franzosen ohne Unterbrechung mitgemacht, den meisten Schlachten beigewohnt. Schon in der Schlacht bei Leipzig führte ich ein Bataillon; ich erwarb mir dieses eiserne Kreuz erster Klasse. Die Schlacht bei Laon brachte mir den Orden pour le mérite ein. Bei Beginn des Feldzugs von 1815 wurde mir das Commando eines Regiments anvertraut; mein Regiment hat ruhmvoll mitgekämpft. Wünschen Eure Excellenz Beweise für diese Thatsachen, oder sind sie Ihnen bekannt?"

„Sie sind mir wie der ganzen Armee bekannt", sagte der General wieder verbindlich.

Der Obristlieutenant fuhr fort:

„Bei Beginn der Kriege und während derselben wurden dem Volke, das bereitwillig von allen Seiten herbeiströmte, den Thron zu retten, wurden jedem Einzelnen, der freiwillig dem Rufe des Königs unter die Fahnen folgte, große Verheißungen gemacht. Zwei dieser Versprechungen waren sehr specielle. Die eine, oft wiederholte, ging dahin, daß diejenigen, welche sich durch Tapferkeit, Diensteifer und Patriotismus ausgezeichnet hätten, in ihrer Civildienstlaufbahn vorzüglich berücksichtigt werden sollten, soweit es ihre Qualification erlaube. Es sind die Worte des Gesetzes, Excellenz. Die zweite, im vorigen Jahre ergangen, besagte, daß die Offiziere der aufzulösenden Landwehr, insofern sie sich während des Kriegs als tüchtig bewiesen hätten, nach Möglichkeit in die Linie sollten aufgenommen werden.

Ich war, als ich zuerst in die Landwehr eintrat, Assessor bei dem Tribunal in Königsberg. Es war unmittelbar vorher eine Rathsstelle bei jenem Gerichte vacant geworden. Ich war zu ihr vorgeschlagen; sie mußte mir nach meiner Qualification wie nach meiner Anciennetät zu Theil werden. Ich gab sie auf, um der Fahne des Königs zu folgen. Es war in den ersten Wochen des Jahres 1813, also vor mehr als drei Jahren. Ich mußte die drei Jahre im Militärdienst verbleiben. Im Anfange dieses Jahres wurden die Landwehren aufgelöst.

Ich bat, jener zweiten Verheißung gemäß, mich zur Linie zu versetzen. Mir wurde zur Antwort, es sei keine angemessene Stellung für mich da; es müsse auf Beschränkungen und Ersparungen Bedacht genommen werden; man müsse mir daher überlassen, in meine Civilcarrière zurückzukehren, in welcher ich ohne Zweifel Gelegenheit finden werde, meine Kenntnisse und Kräfte zu verwerthen.

Ich versuchte den Rücktritt in meine frühere Civilcarrière. Es wurde mir eine Assessorstelle bei einem entfernten Gerichte angeboten.

Vor drei Jahren, wenn ich nicht die Waffen für König und Vaterland ergriff, war ich Rath: bis heute hätte ich in der Rathscarrière einen bedeutenden Vorsprung gewonnen; weit jüngern Assessoren ist er zu Theil geworden. Ich sollte als Assessor wieder eintreten! Meine Beschwerden waren fruchtlos.

So, Excellenz, sind die Versprechungen des Königs mir gegenüber erfüllt worden.

„Darf ich Ew. Excellenz auch den Grund sagen?"

„Jene traurige Lage des Staates", zuckte der General wieder die Achseln, „die allerdings zu den größten Ersparnissen auffordert."

„Sie ist allerdings zu einer banalen Phrase geworden, Excellenz!"

„Mein Herr!"

„Fühlen Ew. Excellenz sich verletzt?"

„Ich hoffe nicht, daß Sie es darauf anlegen, mich zu verletzen."

„Warum, wozu sollte ich das? Mich hat ein anderer Grund hierher geführt. Es ist der, daß Ew. Excellenz die Wahrheit hören mögen und daß durch Sie der König sie erfahre. Der König hat sie bisher nicht gehört; darüber gibt es im Lande nur eine Stimme. Und ich schließe daraus, daß sie auch Ew. Excellenz vorenthalten ist, denn Ew. Excellenz haben das Ohr des Königs. Die Wahrheit muß aber an den Thron gelangen können, und zwar bevor es für das Land wie für den Thron selbst zu spät ist. Land und Thron sind nicht zu trennen, Excellenz. Zum Könige konnte ich nicht gelangen; in dem Vorzimmer des Monarchen ist dafür gesorgt. Da hielt ich es für meine Pflicht, bei Ew. Excellenz eine Audienz nachzusuchen. Excellenz haben sie mir gewährt. Ich spreche Ihnen meinen Dank dafür aus, und um Ihnen diesen ferner zu bethätigen, bitte ich noch um wenige Worte."

Der General hatte den Obristlieutenant ein paarmal unterbrechen wollen, der Offizier hatte die Zeichen der Ungeduld des vornehmen Herrn jedoch nicht beachtet. Auf einmal schien in dem General ein besonderer Gedanke aufgetaucht zu sein; er hörte geduldig und aufmerksam zu. Mit einer ruhigen Neigung des Kopfes gab er auch seine Zustimmung zu erkennen, daß der Andere fortfahren möge.

Der Obristlieutenant fuhr fort:

„Ich habe Ew. Excellenz von mir gesprochen nicht um meinetwillen. In meiner Lage sind Tausende, Tausende von Männern, die freiwillig die Waffen ergriffen und kämpften für Land und Thron. Indem ich von mir sprach, sprach ich nur von ihnen allen. Und indem ich jetzt Ew. Excellenz klar lege, warum mit mir in solcher Weise verfahren wurde, lege ich dies zugleich für alle jene mit dar.

Excellenz, in unserm allgemeinen Landrecht ist ein

Satz enthalten, welcher ausspricht, daß der Adel der erste
Stand im Staate sei, dem nach seiner Bestimmung die
Vertheidigung des Staates sowie die Unterstützung der
äußern Würde und der innern Verfassung desselben haupt=
sächlich obliege. Eine weitere Ausführung dieses Satzes
ist die gleichfalls gesetzliche Vorschrift, daß der Adel zu
den Ehrenstellen im Staate, zu denen er sich geschickt ge=
macht, vorzüglich berechtigt sei. Die Anwendung dieser
Vorschrift oder Vorschriften war bisher, daß im Civil=
und Militärstaatsdienste der Adel die ersten und besten
Stellen einnahm und dem Bürgerlichen nur diejenigen
Stellungen übrig blieben, die eben der Adel verschmähte.
Das ist noch heute das herrschende Princip in unserer
Staatsverwaltung, und diesem Principe bin ich zum
Opfer geworden, sind alle jene Männer zum Opfer ge=
worden, die in edler Begeisterung, was sie besaßen, zum
Opfer gebracht hatten. Das Princip war früher, wenn
auch ein unkluges, unvernünftiges für einen Staat, in
dem unserigen allerdings ein gesetzlich berechtigtes. Das
ist es aber heute nicht mehr. Der König ist bei uns
die Quelle aller Gesetze. Jene königlichen förmlich und
feierlich als Gesetze veröffentlichten Versprechungen haben
das alte Gesetz aufgehoben, sind das neue Gesetz, das
neue Recht des preußischen Volkes, und das Volk hat
dieses Recht sich sauer und schwer verdient, mit seinem

Blute und mit einer Aufopferung für seinen König, wie keine Geschichte eines Volkes sie bisher kannte.

Und nun meine schließliche Bitte an Ew. Excellenz. Sie ist kurz die, daß Ew. Excellenz die Gewogenheit haben wollen, das, was ich Ihnen hier vorgetragen habe, dem Könige mitzutheilen, und zwar sobald wie möglich, damit nicht die Unzufriedenheit im Lande weiter und tiefer um sich greift. Der König ahnt sie nicht, kann sie nicht ahnen; er hätte, wüßte er von ihr, sie längst beseitigt."

Der General hatte weiter mit seiner großen, ruhigen Aufmerksamkeit zugehört.

„Und warum wenden Sie sich mit Ihrer Bitte an mich?" fragte er.

„Ich hatte bereits die Ehre, es zu sagen: weil Ew. Excellenz das Ohr des Königs haben."

„Mein Herr Obristlieutenant", sagte der General, „wissen Sie, daß Sie sich da einer sehr landläufigen Phrase bedient haben?"

Es war ein höhnisches Paroli auf die „banale Phrase" des Obristlieutenants.

Dieser blieb sein Sept-et-le-va nicht schuldig.

„Excellenz ziehen vielleicht eine andere Wahrheit vor, die Sie freilich noch nicht werden gehört haben, weil nur ein freier Mann sie Ihnen sagen kann. Es ist folgende: Eine Partei im Lande, die dem Volke gegenübersteht, hält den König umlagert, daß er nur ihre Stimme vernimmt, daß die Stimme des Volks nicht zu ihm dringen kann. Sie will dadurch ihre alten Privilegien wahren, jene, von denen ich sprach; sie schützt die Erhaltung des Throns vor, aber sie stürzt den Thron. Haben Ew. Excellenz noch einen Befehl für mich?"

Und der Obristlieutenant Friedrichs blickte den General von Taubenheim mit seinem ganzen festen Stolze an.

Der General hatte sich verfärbt. Er sann auf eine Antwort; er hatte sie vielleicht schon und suchte nach dem Muthe, sie dem stolzen, festen Mann gegenüber auszusprechen. So stand er schweigend.

Auch der Obristlieutenant sprach nicht mehr; er verbeugte sich stumm und verließ mit seinem ruhigen, festen Schritte das Zimmer.

Der General fand die Sprache wieder, wenn auch nur für sich.

„Den Thron umstürzen? Ah, ah, die Partei des Umsturzes wird bald an das Licht kommen."

Der Bediente trat wieder ein.

„Lieutenant Becker!" meldete er.

„Lieutenant Becker?" sagte der General, sich vergeblich auf den Namen besinnend.

„In einer sehr abgetragenen Landwehruniform", sagte der Bediente.

„Ah, ein Landwehrlieutenant! Dazu paßt auch der Name! Ein Bettler? Eintreten!"

Der Obristlieutenant Friedrichs war mit jenem ruhigen Stolze in das Vorzimmer zurückgekehrt. Er suchte mit den Augen den Lieutenant Becker; er trat zu ihm.

„Sie werden jetzt vorkommen. Ich warte unten auf der Straße auf Sie."

„Es wird mit mir lange dauern, Herr Obristlieutenant."

„Haben Sie soviel zu bitten?"

„Das nicht. Aber ich werde dem Herrn General die Wahrheit sagen."

„So werden wir uns desto früher wiedersehen."

Der Bediente des Generals bat den Landwehrlieutenant, in das Zimmer des Generals zu treten.

Der Obristlieutenant verließ das Zimmer.

Der Lieutenant trat zu dem General ein; gerade, mit dem gebräuchlichen militärischen Gruße; er war in Uniform, der General war es auch.

Der General rührte sich nicht. Gegen den Landwehrlieutenant in der abgeschabten Uniform, mit dem plebejischen Namen Becker, gegen den Bettler wollte er nicht einmal stolz sein, nur vornehm.

„Was wünschen Sie?"

Der Lieutenant Becker nahm das vornehme Wesen

etwas leicht auf, als wenn er schon viel mit vornehmen Herren umgegangen sei und sie kenne.

„Ich bin der Lieutenant Becker, Excellenz", sagte er.

„Der Bediente hat mir Ihren Namen genannt."

„Ich bin Landwehrlieutenant, Excellenz."

„Ich sehe es an Ihrer Uniform."

„Ich trage das eiserne Kreuz!"

„Ich sehe auch das."

Der General erwiderte das noch in seiner vornehmen Weise. Aber er mußte doch den abgeschabten Landwehrlieutenant näher ansehen.

Der junge Mann schien mit einem so eigenthümlichen Humor gesprochen zu haben.

Und ein Schalk schien sich auch hinten in seinen lebhaften Augen verbergen zu wollen.

Diese Augen schlug er vor dem forschenden Blicke des Generals nicht nieder.

Und so fuhr er keck fort:

„Wissen Excellenz, was ich früher war, ehe ich in die Landwehr eintrat?"

„Wie kann ich das wissen!"

„Ich war Kellner."

„Ah!"

„Kellner in einem Café, bei einem Billard. Es war ein gutes Geschäft; ich hatte mein Auskommen. Ich gab es freiwillig auf; ich trat als Freiwilliger in die Landwehr."

„Darf ich fragen, warum Sie mir diese Ihre Antecedentien mittheilen?"

„Excellenz, ich komme mit einer Bitte zu Ihnen."

„Sie wäre?"

„Man hat den Landwehroffizieren eine Versorgung nach Beendigung des Kriegs versprochen. Sie sollten bei Anstellungen, zu denen sie befähigt sind, vorzüglich berücksichtigt werden. Ich wäre nun zu mancher Stelle befähigt."

„Sie müssen sich an den Kriegsminister wenden."

„Der Kriegsminister schickt mich zu Ew. Excellenz. Sie sind im Kabinet Seiner Majestät des Königs."

„Im Kabinet des Königs ist keine Stelle für Sie zu vergeben."

„Hm", sagte der Lieutenant Becker, der vormalige Kellner, in seinem vollen Humor für sich, aber laut genug, daß der General es hören mußte, „hm, also wirklich von Pontius zu Pilatus."

Der General wandte sich um, zum Zeichen, daß die Audienz zu Ende sei.

Aber der Lieutenant ging noch nicht.

„Excellenz", sagte er, „vor allen Dingen muß man leben."

Der General antwortete ihm nicht.

„Und um in dieser Welt leben zu können, muß man sich sein Brod verdienen können."

Es wurde ihm wieder keine Antwort.

„Und um etwas verdienen zu können, muß man etwas verstehen."

Der General schwieg.

„Nun verstehe ich nur zwei Dinge, mit denen ich mir mein Brod verdienen könnte. Ich könnte in einem Bureau arbeiten, aber die Regierung will mich trotz jener Versprechungen des Königs nicht anstellen."

Er machte noch einmal eine Pause; er erhielt wieder keine Antwort; er fuhr fort:

„So bleibt mir nur übrig, zu meinem frühern Geschäft zurückzugreifen; ich werde wieder Kellner. Es wird zwar wunderbar aussehen, wenn ich am Billard die Points markire, die Bälle aufsetze, den Herren Kaffee und Fidibus servire, Alles in der Uniform eines preußischen Offiziers und mit einem preußischen Ritterorden auf der Brust; aber vor allem muß man leben."

Er wollte gehen.

Der General hatte sich rasch umgewandt.

„Haben Excellenz noch etwas zu befehlen?" sagte auch der Lieutenant, der wieder Kellner werden wollte.

Der General hatte noch etwas zu befehlen; sehr kurz und trocken sprach er:

„Zu Ihrem frühern Metier können Sie zurückkehren; das verwehrt Ihnen Niemand. Sollten Sie aber dabei Ihre Uniform oder Ihren Orden tragen, so werden Sie als ein Ehrloser cassirt."

„Weil ich ehrlich leben will?" sagte der Offizier. „Aber fürchten Sie nichts, Excellenz. Mir steht der preußische Offizier höher, als man ihn hier scheint schätzen zu können."

„Rauben Sie mir meine Zeit nicht länger", sagte der General.

Aber da hatte der Landwehrlieutenant doch noch eine Bemerkung für den hochstehenden General.

„Excellenz, es war gerade vor einem Jahre, als wir im heißen Kampfe bei Belle=Alliance standen, viele Tausende von Landwehrmännern, die freiwillig Haus und Hof, Beruf und Alles verlassen hatten, um für König und Vaterland zu siegen oder zu sterben. Wir siegten. Wir werden dafür heute wie Bettler behandelt."

Er ging.

Unten auf der Straße traf er den Obristlieutenant.

Sie theilten einander die Unterredungen mit, die jeder von ihnen mit dem General gehabt hatte.

„Das ist unser Lohn!"

„Das ist der Lohn der Welt!"

„Was wird weiter aus diesem schönen Institute der Landwehr werden?"

„Aber was wird aus uns werden?" sagte der Lieutenant Becker.

„Begleiten Sie mich einstweilen nach Ovelgönne."

„In die Gegend wollte ich ohnehin", sagte der Lieutenant. „Meine Braut ist auf der Dahlheimer Sägemühle. Ich muß mit ihr überlegen."

„Und das muß ich mit der meinigen in Ovelgönne."

―――

Ein paar Stunden später fuhr der General von Taubenheim zu dem Palais des Königs.

„Die Verschwörung liegt klar auf der Hand", sprach er im Fahren zu sich. „Schon jetzt. Kaum daß der Thron wieder fest aufgerichtet ist, soll er schon wieder eingerissen werden! Und mit welcher Frechheit diese Verschwörer auftreten! Wie sicher sie ihrer Sache sein, wie weit und tief ihre Verbindungen gehen müssen! Da kann der König nicht früh und nicht eindringlich genug gewarnt werden! Wie sehr Recht hatte dieser Herr von Schilden!"

Damit hatte der General für das, was er vorhatte, sich mit seinem Gewissen abgefunden.

Der Name Schilden hatte ihm dann einen andern Gedanken zugeführt.

„Und Hedwig?" sprach er weiter. „Schilden oder Westernitz! Sie überließ mir die Wahl, aber um sie mir nicht zu überlassen. Sie will den Schilden. Aber über die Liebe ist sie zum Glück hinweg. Sie glaubt, Schilden mache eine bessere Carrière. Und sie glaubt das, weil Schilden mehr Verstand, mehr Kenntnisse, sogar mehr Muth als der Andere hat. Sie irrt. Die Familienverbindungen, die Connexionen am Hofe machen es. Und die hat der Graf Westernitz und nicht Schilden. Jener Mangel an Muth freilich — aber nur die Frauen lassen sich von Aeußerlichkeiten bestechen. Zudem ist Schilden uns immer gewiß. Er muß sich seine Carrière suchen; da ist er überall abhängig. Der Graf Westernitz kann der seinigen kaum aus dem Wege gehen."

Der General hatte das Vorzimmer des Königs erreicht.

In dem Vorzimmer des Königs herrschte die tiefste Stille.

Stille ist überhaupt der Charakter der Paläste und Gemächer der Könige. Darf sie einmal unterbrochen werden, so darf das nur von dem „Herrn" selbst geschehen, und es ist dennoch jedesmal ein Ereigniß.

Von Friedrich Wilhelm dem Vierten erzählt man sich, daß er bald nach seiner Thronbesteigung eines Tages sehr laut in seinem Zimmer sprach. Die Königin hörte es nebenan, eilte zu ihrem Gemahl und sagte: „Ah, verzeihe, Fritz, ich meinte, der Kronprinz sei dagewesen!"

Friedrich Wilhelm der Dritte liebte besonders die tiefste Stille um sich her. Man brauchte, um es zu wissen, sich nur das einfache Haus anzusehen, in dem er wohnte.

Wie ein Bürgerhaus liegt es noch jetzt da, zwischen der Schloßbrücke und den Linden, gegenüber dem schweren und finstern Bau des Zeughauses. Aber so verschlossen und still wie zu den Zeiten Friedrich Wilhelm's des Dritten hat es wohl weder vorher noch nachher jemals dagelegen. Unten an dem Portal sah man die beiden unvermeiblichen Schildwachen langsam und leise zwischen ihren Schilderhäusern auf und ab 'schreiten, und oben in dem Eckfenster nach den Linden hin sah man zuweilen einen großen, stattlichen Mann im einfachen Offiziersüberrock ohne Orden und ohne Epauletten mit seinem blassen und traurig nachdenklichen Gesicht hinter der mattgrünen seidenen Gardine hervorschauen; es war der König. Weiter sah man von der Straße her in dem Hause keinen Menschen und sah und hörte man kein Leben darin. Und so still, wie das Haus von außen aussah, war es in seinem Innern.

So lebte Friedrich Wilhelm der Dritte vom Jahre 1810, bis er im Jahre 1840 starb, in dem einfachen Hause, und die Berliner nannten es des Königs Palais.

Das stille Vorzimmer befand sich vor dem Arbeitszimmer des Königs, und in dem Arbeitszimmer war jenes Eckfenster nach den Linden hin mit seinen mattgrünen Vorhängen.

Es waren nur wenige Personen in dem Vorzimmer, als der General von Taubenheim eintrat. In dem Vorzimmer Friedrich Wilhelm's des Dritten gewahrte man selten mehr Menschen als die gewöhnliche Bedienung. Der König sah nicht gern Jemand bei sich, liebte keine Störung. Zwei Lakaien waren an der Eingangsthür; ein Adjutant stand an einer Seitenthür; ein General lehnte in einer Fensternische. Das war Alles.

Die Lakaien warteten auf die Befehle des Adjutanten; der Adjutant stand wartend an der Seitenthür, die in das Arbeitszimmer des Königs führte; der General am Fenster wartete, daß diese Thür sich öffnen möge; durch die Stille, die herrschte, hörte man in dem königlichen Arbeitszimmer sprechen.

In dem Vorzimmer selbst machte sich nicht der leiseste Laut hörbar; das Sprechen in dem Zimmer des Königs hörte sich an wie leises Bienensummen.

Der General von Taubenheim schritt auf den Spitzen seiner Füße herein. Den General in der Fensternische grüßte er mit einer stummen Verbeugung, den Adjutanten an der Thür mit einem stillen Händedruck, freilich auch mit einem bezeichnenden Blick nach der Thür, an der er stand.

„Der Polizeiminister!" flüsterte der Adjutant ihm zu.

„Ah, schon?"

Der Adjutant war der Graf Westernitz.

Wir kennen ihn; der General kannte ihn; Fräulein Hedwig, die Tochter des Generals, kannte ihn.

Der General hätte gern weiter mit ihm gesprochen. Die Höflichkeit gestattete es nicht. Er mußte sich zu dem General in der Fensternische wenden.

„Sehr erfreut, Excellenz hier zu sehen!" sagte der General von Taubenheim. Er flüsterte es.

„Gleichfalls charmirt!" erwiderte der steife General.

Er sprach es mit einer ruhigen Selbstzufriedenheit; diese kann nicht flüstern.

„Excellenz sind gewiß befohlen!" sagte der kleine General.

„Ja, in einer wichtigen Angelegenheit."

„Ah, da konnte Seine Majestät keine bessere Wahl treffen."

„Der König kann sich wenigstens auf mich verlassen."

„Unbedenklich!"

„Auf meine Treue, auf meine Ergebenheit und auf meinen Eifer für die Armee. Und, liebe Excellenz, mit Ihnen darf ich ja darüber sprechen: man geht von einer gewissen Seite auf den Ruin unseres herrlichen Heeres aus."

„Leider, leider!" sagte der General von Taubenheim. Der andere General wurde lebhafter.

„Ja, leider, liebe Excellenz. Denken Sie, was man jetzt wieder vorhat. Nicht genug, daß wir schon eine Menge von Landwehroffizieren in die Linie haben aufnehmen müssen, jetzt soll die Linie ganz zur Landwehr begrabirt werden; man geht damit um, die Litewken und die Mützen der Landwehr auch bei der Linie einzuführen. Der Landwehr! Bei der Linie! Denken Sie es sich!"

„Es ist empörend", sagte der kleine General.

„Es ist mehr! Es ist ein Mord, es ist der Selbstmord des preußischen Staats! Aber der alte preußische Gott lebt noch, wir alten Generale! Ich kam hinter die Sache; ich ließ mich bei Seiner Majestät melden; ich sprach mein Meue Tekel aus; ich erinnerte an die ruhmvolle Armee in dem alten Rock, in dem Tschako, der freilich leider schon der Blech- und Bärenmütze habe weichen müssen. Ich erhob meine Stimme im Namen der ganzen Generalität, der nur einzelne unbesonnene Neuerer gegenüberständen. Den Tschako hatten Seine Majestät die Gnade mir sofort zu gewähren. Um den Rock mußte ich kämpfen; man hatte dem Könige eingeredet, jener Landwehrrock sei gesünder, bequemer, der Soldat könne sich darin besser bewegen, besser manövriren. Ich bat zuletzt um die Gnade, ein Mémoire über die Sache ausarbeiten zu dürfen. Der König forderte mich dazu auf. Ich bin jetzt hier, um es zu überreichen. Ich habe mich mit zwei Regimentsschneidern zusammengesetzt; ich habe einen ganz neuen Schnitt erfunden, eine ganz andere Stellung der Knöpfe. Ich habe die Muster bei mir. Ich werde sie Seiner Majestät vorlegen —"

Die Thür des königlichen Arbeitszimmers öffnete sich.
Der General schwieg.
Der kleine General von Taubenheim hatte nur noch Zeit, ihm mit seinem verbindlichsten, aber zugleich dem feinsten Lächeln seines klugen Gesichts zu sagen:

„Und Excellenz werden die Armee und den Staat retten!"

Der General verschwand in dem Zimmer des Königs.
Aus diesem Zimmer war ein stattlicher Herr, gleichfalls mit einem klugen Gesichte, herausgetreten.

Er und der General von Taubenheim schüttelten einander die Hände.

„Excellenz haben schon den Regierungsrath von Schilden gesprochen?" fragte ihn der kleine General.

„Unmittelbar nach der Unterredung mit ihm fuhr ich zu Seiner Majestät", war die Antwort des Polizeiministers.

„Und der Herr von Schilden ist unmittelbar nach seiner Unterredung mit mir bei Ihnen gewesen?"

„So ist es."

„Ah, und ich habe unterdeß Beweise gesammelt für das, was Schilden Ihnen mitgetheilt hat. Der Geist der Empörung hat schon weit um sich gegriffen. Es wird hohe Zeit, daß ihm Einhalt geschieht."

„Excellenz wollten darüber mit dem Könige sprechen?"

„Ich bin deshalb hier."

„Ich hätte einen unmaßgeblichen Vorschlag an Ew. Excellenz. Unitis viribus!"

„Excellenz haben Recht! Machen wir gemeinschaftliche Sache."

Die beiden Excellenzen verließen das Vorzimmer des Königs.

Der General von Taubenheim schüttelte vorher noch einmal die Hand des Grafen Westernitz.

„Wir sehen Sie beim Thee, lieber Graf?"

„Es wird mir eine große Ehre sein."

www.ingramcontent.com/pod-product-compliance
Lightning Source LLC
Chambersburg PA
CBHW032135160426
43197CB00008B/651